師・安田理深論

本多弘之

大法輪閣

序

「宗教的実存」、まことにこの語にふさわしい人生を生きた人が、この現代の日本に実際に存在した。この人格に出遇うことができた人は、みな強く説得される事柄として、「本願の生活者」がここに生きているのだ、ということを知らされたのである。仏教の古い言葉で言うなら、「菩提心を生きている行者」、すなわち「菩提薩埵」（略して菩薩）がここに現存しているということであった。

そもそも、仏教には、仏にしろ、菩薩にしろ、その他の生ける仏者を表す言葉が多くあるが、時代が隔たった現代の私たちには、言葉の外環的意味を知ることは一応できるけれども、その言葉でどのような人生を生きていた人なのかという現実的意味は、ほとんど不明なのである。少なくとも生きた感動をその言葉から受け止めることなど、まったく無いと言っても言い過ぎではないであろう。

ここに、現にこの世にまことに希有な人生を、求道心のおもむくところに随って生ききった人がおられた。その人の名は、安田理深《やすだりじん》である。この人がこの世を去って（一九八二年二月十九日命終）、すでに四十年近く時間が経ったのだが、この人に教えを聞くことができた我々は、幸いに仏教用語の求道者を表す言葉（菩薩的人間）に、生きた情熱を感じ取ることができるのである。ニーチェに『この人を見よ』という作品があるが、まさに、この人に出遇ったことで、言葉の指し示す事実を感得しえたのである。疑い深い筆者自身も、仏教が人間にとって真に大切な智慧を持っているに相違ないことを信じ、この人を師として仏教の内実を尋ねようと思い立たされた人間の一人なのである。

ここに書き出した文章は、安田理深師の一面が筆者に映写したほんの一部分の叙述に過ぎないのではあるが、残された師の語録（安田理深選集・講義集など）を尋ねる縁になって欲しいという思いで出すことにしたものである。

前半の「師・安田理深論」は、筆者が東京で住職を勤めている本龍寺（真宗大谷派）における講話の記録である。この講話が記録された由縁を記しておきたい。今から四〇年ほど昔、本龍寺に「禿龍洞」と名付けられた聞法の集いが起こされた（一九八〇年代の終わり頃）。発起人は森弘・川江登という二人の一般の社会人であった。

毎月行われた講話は、「三経一論」（『無量寿経』『観無量寿経』『阿弥陀経』・『浄土論』）でお願いするとの申し出があって、以来三十年近く講話が相続されたことであった。この毎月の聞法会の年度ごとの歳末の会では、お寺の座敷で忘年会が催されたのだが、その折りの本堂での聞法会には川江さんが、「安田理深」に関する諸問題を提起して、小生がそれについてお話をさせて頂いた。その講話の記録を森弘さんが責任編集して、会に集う聞法者に配布してくださっていた。そのデータが残っていて、最近（二〇一六年）になって、雑誌『大法輪』にこの連続講話が掲載されたことから、一冊の書物に収録することにしたものである。

後半の「わが師 安田理深の道」は、筆者が大谷大学真宗学科の教員であったころに、師・安田理深について書いた論文と、別の書籍に寄稿した文章である。師の略歴のような事柄が出されているので、この小著の結びのような意味で加えさせて頂いた。

ちなみに、京都で安田理深師が愛情を掛けて相続された「相応学舎」は、一九三五年に開かれてから、八十余年を経て、現在も聞法の道場として相続されている。いくつかの事業が行われているのだが、小生も『教行信証』の講話を毎月一度させていただいている。この会座の相続を強く願っておられた安田理深師の奥様・梅子様も、百三歳で亡くなられてすでに二十年余になる。現代のせわしない世相の中でまことに希有な事柄なのであると拝察されるのだが、師の没後にご縁ができた若い方々が、この会座を支えて下さっているのである。

本書の出版に当たっては、大法輪閣編集部の高梨和巨氏にご協力をいただいた。ここに感謝の意を述べさせて頂くこととする。

二〇一九年一月

師・安田理深論　目次

装幀＝大法輪閣編集部

師・安田理深論

第一回　値遇・出遇う・生涯

一、安田先生との出遇い

私が安田理深《やすだりじん》先生に初めてお会いしたのは、一九六一（昭和三十六）年、親鸞聖人七百回御遠忌《ごえんき》の年に、大谷大学大学院の学生として京都に行って、その年の五月だったかと思います。東本願寺の御遠忌の法要に大谷大学の学生が奉仕で参加したのです。その時、今は愛知県国府の長泉寺の住職をしておられる安藤眞吾《あんどうしんご》（旧姓二村眞吾、二〇一五年逝去）さんという方に出会いました。

この方が大谷大学大学院真宗学科におられ、たまたま奉仕の仕事が私も同じ総務部というところに配属されて、親鸞聖人七百回忌の手伝いをしておりました。

その時に、二村さんが、どういうわけか私に熱心に、とにかく一緒に聞きに来いと誘って下さり、安田先生の会座《えざ》に連れて行って下さった。それが、信国淳《のぶくにあつし》という専修学院の院長さんの役宅で行われていた相応学舎《そうおうがくしゃ》の会だったのです。

そこに行くようになりまして、だんだん安田先生のお話に、少しずつ馴染んでいって、結局、私が京都に行きましたのは、安田先生の教えを頂くためであるというような、自己確認ができるようになったのです。先生のお話が聞ける間は、とにかく京都に長く居る方がいいと判断するようになりました。そういう因縁で安田先生に出遇《であ》うことができました。

東京本郷に教学研究所分室があり、そこに、松原祐善《まつばらゆうぜん》先生が来ておられて、私は父親に連れられて分室に行ったことがありましたが、京都に行って二村眞吾さんに会うまでは、安田理深という名前を私は聞いたことすらありませんでした。

その頃、安田理深先生は、何の地位も職も持っておられない、一人の野の求道者であったのです。後に安田先生は、非常勤の講師として大谷大学に来られ、更には専任講師となられ、週に一度ずつ講義をしていただくことになりました。

私がお会いした一九六一年は（先生は一九〇〇年生まれですので）、ちょうど還暦を過ぎたばかりの頃で、ぼつぼつ先生のお弟子方が活躍し始めた時代です。

一九五六（昭和三十一）年に、訓覇信雄《くるべしんゆう》さんが、宮谷法含宗務総長の下で教学局長になられ、御遠忌円成《えんじょう》の後（一九六一年）、宗務総長になられました。そして曽我量深《そがりょうじん》先生に、大谷大学の学長に（曽我先生は八十七歳のご高齢にもかかわらず）なっていただいたのです。

たまたま私が京都へ行った年の夏から、曽我量深先生が大谷大学学長になられ、松原祐善先生が、曽我先生を支えるべく、大谷大学教授になって東京から戻って来られた。そういう状況になるまで、安田先生は野におられて、私塾・相応学舎で講義をしておられた。

安田先生という方に対して、私は先生を対象化して、先生とはこういう存在であるとか、こういう思想的な面を開いた方であるとかいうことを申し述べる立場ではないのです。しかし、先生が亡くなられてすでに、丸三十三年が過ぎました。一九八二（昭和五十七）年二月十九日に亡くなられましたので、二〇一四年二月が三十三回忌でした。

先生について何かを書くと言っても、先生の明らかにされた課題の一端を私なりに考えるということであって、今回も少し先生について私が思うところをまとめられたら良いかと思います。

二、安田先生の求道の初め

まず先生の求道について、考えてみます。先生は幼い頃に不幸にして家族に別れた。先生は、兵庫県の山奥、山陰側の谷を遡った小さな村の庄屋の家筋にお生まれになった。山陰の山奥の本当に簑笠を置くと田圃が一枚隠れると言われるほど、段々畑の急な斜面を耕して、どうやら田圃を作っている村でした。その小さな村に生を受けられて、幼稚園の頃にはすでに、親戚を頼って鳥取に出ておられた。

先生はめったに自分のことを思い起こして語るということはなさらなかったのですが、先生は鳥取ではキリスト教系の幼稚園に通っておられたらしい。鳥取県は禅宗の盛んなところで、曹洞宗が力を持っているのですが、どういう因縁かキリスト教系の幼稚園に入られたようです。

幼い頃のイメージとして、宗教者の態度といいますか、そういうことが、あこがれのようにして、先生には植え付けられたようです。このことは、晩年に至るまで、キリスト教に対する尊敬と、キリスト者に対する敬愛の念というものが、先生には、ずっと続いていました。

十代に入って、ご自分で発心《ほっしん》して禅宗のお寺に参禅に通われたようです。その禅宗のお寺の和尚に見込まれて、お前は修行してこのお寺の後を取ってくれと頼まれたのだということを冗談半分におっしゃったことがありました。随分、熱心に坐禅を組まれたらしい。

道元禅師に対して、安田先生は、単に本を読むという関心ではなくて、求道の師として、人間の迷いを晴らし、人生の苦悩を超えていった人として、一点も疑っておられなかったようです。ただ、何故先生は禅宗に腰を落ち着けなかったかという点が疑問として残ります。それについて先生は、「禅宗でもいいのだ。悟りを開くとか、苦悩を超えるという点だけなら、自分は禅宗でも良かった」ということを、ふっとおっしゃったことがありました。

しかし、先生の求道の問題は、宗教的要求が現代の問題とぶつかって、思想的な営みを持つという点にあったのでしょう。先生の青年期は、明治末期から大正にかかる頃ですので、西欧の思想的な書物などが世に出て来る時代です。先生は文学に対しても非常に深い関心を持っておられて、夏目漱石のものなどは、初版本を若い頃に読んでおられた。そういうことで思想関心や文学関心というものが強く、禅では悟りという方向だけであって、時代の人間の問題についてどうも物足りない。そういう思いがあったということをおっしゃったことがありました。

そのことは、先生の一代の思想のお仕事というものが煮詰まって、ご自分が選んだテキストというものを見てみますと、ほとんど天親《てんじん》菩薩《ぼさつ》（世親《せしん》菩薩とも訳されます）なのです。天親菩薩の『浄土論』『唯識三十頌《ゆいしきさんじゅうじゅ》』さらには『十地経論《じゅうじきょうろん》』、こういうものを先生は好まれて、その解釈という形をとりながら、思索を深めていくということをもって、先生の思想の営み、聞法《もんぼう》の営みが持続され、それが自ら学生を育てて、あるいは宗教を要求する人の栄養になるということになっていった。『願生偈《がんしょうげ》』を天親菩薩が「優婆提舎《うばだいしゃ》」と名付けています（『無量寿経優婆提舎願生偈』）。優婆提舎は論議経と翻訳されるのですが、論議経は如来の説かれた仏説の一つの形式として名付けられる名前です。その優婆提舎とは、思想問題というものを練っていく。掘り下げていく。そういう形で経典が説かれる。ですから曽我先生が、『無量寿経』の本願を、優婆提舎であるということで、『論議経としての四十八願』という論文をお書きになったことがあります。

宗教的要求を、空とか無とか、悟りとかいう形でとらわれを取り払ってしまった状態として表現するのではなくて、いったん無をくぐりながら、それを本当に「有」の形を取って、人間の思索活動、ものを考える営みを通して、もう一度表現し直す。『無量寿経』の場合は願を通して、本当に衆生を救済するという願いを通して、今一度宗教的要求を語り直すという。そこに、優婆提舎という名前が名付けられてきているのだろうと思います。

禅は無の方向を強く志向する。安田先生と同年代の代表的な思想家で久松真一《ひさまつしんいち》という方がおられ、『東洋的無』という書物を書いています。それに対して安田先生は、「久松さんは、無、無というけれど、仏教の特徴は「無」だけではない。特に、天親菩薩の思想というものをくぐれば、大切なのは「有」の思想だ」ということをおっしゃっていました。

執着を離れて無に帰していくという、そういう一つの方向に対して、それを無視するのではないが、それを踏まえつつ、もう一度「有」として表現する。安田先生はこういうところに思想の重要な力点を見つけておられた。そういう志向性があってか、先生自身が禅の立場から真宗に深いご縁を結ばれたのかと思います。そういう思想的要求の必然性から、「無」から「有」へ、「有」の方向性に、求めてやまないものがあったということが思われます。

若い頃に禅をくぐったということと、幼い頃にキリスト教をくぐったということが、先生の思想の営みにとって幸いしていて、宗教的な思想を普遍的なものとして明らかにしたいという課題となったのでしょう。

晩年に先生は長崎に縁ができました。加来玄雄《かくげんゆう》さんという方が大谷派の長崎教務所長になられ、長崎の秋安居《あんご》に安田先生のご出講をお願いしたところ、先生は、それまでは宗派や教務所の仕事というものに対して、まず、出向かれたことがなかったのですが、加来さんが相応学舎の出身だったということもあり、また長崎という場所に先生は非常にひかれていて、毎年、長崎まで安居の講義に出向かれました。

その時、先生は長崎に行くというだけではなくて、あらためて、『長崎殉教者列伝』という本を求められて、例の踏み絵の時代のクリスチャン殉教の歴史を紐解いて、長崎という町に象徴されるキリスト教と日本との出合い、その悲劇、そこに命をかけて信仰に生きようとした殉教者の信仰というものを（単に興味というだけではとても出来ない程の）情熱をかけて探っておられました。

そういうところが、寺に生まれ育って宗派の教義学といいますか、独善的な正しさみたいなものを持って教義を弁明するような立場とは全く違って、本当に宗教的要求に立って思想を明らかにしたいという歩みが、先生をしてここまで歩ましめているのだということをつくづく感じさせられたことでした。

三、若き安田先生と金子・曽我先生との出遇い

そういう若き時代の先生の求道があった。そしてたまたま、大谷派の中に、清沢満之《きよざわまんし》先生の流れを汲んだ、金子大栄《かねこだいえい》、曽我量深という方がおられた。金子先生が、しばらく郷里（新潟県高田）に帰られた後、大谷大学に呼ばれて教授になられて、新進気鋭の学者として講義を始められた。その講義録が、たまたま岩波書店から出版された。

今までの、いわゆる古い教義学、江戸時代まで続いてきたような宗派の学でもないし、中国から伝来した天台とか、あるいは華厳とか、それ以前の奈良仏教を支えてきた律宗とか、法相宗とかいう古い仏教学ではなくて、近代の仏教として思想的に応えようという努力をした書物としては、おそらく日本では初めて出た仏教概論だろうと思うのです。これを鳥取で、いち早く安田先

生は見つけられたらしい。

それを読んで、無一物《むいちもつ》で京都へ飛び出して来られて、金子先生に入門を申し込まれたらしいのです。金子先生は、そういう熱心な学徒として、安田先生を大谷大学へ入るよう勧められた（大谷大学の予科があって、大学に入るための一つの予備門のような形で置かれていたようです）。その予科に先生は席を置かれた。先生は大学に入って卒業しようというような意図は全然なかったようでした。

京都に出て来て京都大学での西田幾多郎《にしだきたろう》の講義に通ったり、思想的なものを求めて、十代の終わりから二十代の初めにかけてでしょうけれども、信じられないほど激しい求道的な読書生活を送っておられたようでした。

大正十三年から十四年にかけて、東洋大学におられた曽我量深先生が、今一度、大谷大学にかかわって欲しいという佐々木月樵《ささきげつしょう》学長の熱意のある説得を受けて、京都の大谷大学教授になられた。その講義のことを安田先生は思い起こして、『曽我量深選集』の栞《しおり》に書いておられます。曽我先生が、教授となって来られたのが大正十四（一九二五）年だったようで、安田先生が二十五歳の頃です。

清沢先生が、京都では宗門子弟の教育は難しい。京都の本願寺の下では、今までの古い教学体系を超えるようなことをすれば必ず当局から弾圧がくる。東京に大学を作らなければならない。

新進気鋭の学生を教育する場所は東京だということで、相当無理をおして、巣鴨に真宗大学を建てられた。明治三十四（一九〇一）年です。一年後に先生は学生のストライキ問題の責任を取って、養家先の三河西方寺に帰られて、さらに一年後（明治三十六年六月）には亡くなられた。その後、曽我先生は、真宗大学の教授をしておられたのですが、明治四十四年に廃校になった。

明治のこの頃は、日本の国家としては、朝鮮に出ていくとか、大変右翼的な勢いの強い時代、そして天皇制がますます強くなる時代。教団としては、財政逼迫《ひっぱく》の中でどうやって教団を建て直すかという危機感がある時代。一方では封建的な考え方、封建的な教団体制が根強い中に、十年に及ぶ東京で育った若い学徒が、だんだん教団の中で新しい思想の話をするというような状況が、古い門徒の方々、あるいは住職の方々から、異端視された。何かにつけてはじかれ、うとまれる。そういう中にあって、暁烏敏《あけがらすはや》・多田鼎《ただかなえ》・佐々木月樵・曽我量深・金子大栄という方々が、若き情熱をかけて、弾圧をくぐり抜けながら新しい信念を語ろうとしていた時代です。

そういう中で、佐々木先生が、京都の大谷大学（大正十二年に文部省令によって大谷大学となった）の学長になられて、曽我量深先生を引っ張って来られた。曽我量深先生は宗門の子弟を教育する最高学府としての大谷大学に喜んで行かれたのでしょう。曽我先生が五十歳にかかった頃のことです。その曽我先生と若き安田先生が出遇ったわけです。

四、頑固で優しかった先生

安田先生は、仏教の思想と現代の思想とがぶつかって、如何に表現するか、どういうふうに考えるかということに、日夜情熱をかけて苦闘しておられる曽我先生に出遇って、一年そこそこの間に、曽我先生を中心にした聞法会の会座《えざ》から、『仏座』という雑誌を出します。雑誌といってもパンフレットです。その『仏座』の中心は曽我先生の講義を載せるのですけれども、そこに若き先生方が論文を載せる。大谷大学の教授方が論文を載せるのです。

その中に、二十五歳前後の安田先生が論文を書いておられる。それが『安田理深選集』第一巻に載っている論文で、『縁起法の考察』と題されています。十回から十一・二回にわたって書かれています。毎月書いていった論文ですけれども、その内容たるや難解至極、すごい迫力です。本当に思想的な悪戦苦闘のあとが感じられる論文です。

何を言っているかわからないほど、思想的に悪戦苦闘しながら言葉を選んで書いている。ちょっと読んで分かるなどというしろものではない。釈尊の説かんとした仏法の根源は縁起法にある。その縁起法ということが一代仏教の中心課題であるという根本直感に立って、一代仏教の思想を構成し直すというような野心作です。

また、曽我先生が来られて、『了別と自証』という講義を最初の年度になさったそうです。これは唯識論の中心のテーマです。意識というのは「了別」である。「了別」ということがものを分かつという作用、分別ということと同じ意味なのですけれど、分別という言葉は、虚妄分別《こもうふんべつ》という熟語になって伝えられるように、悪いというイメージがついてしまう。だから、分別という言葉を避けられて、三十頌を翻訳する時に、あえて玄奘《げんじょう》が了別という言葉を使った。

意識の持っている本質は、何かを感じて判断するという、そういう作用だけではなくて、意識が意識自身を知っている。意識していることを知っているという、つまり、自己意識性といいますか（自覚という言葉で言われますが、自覚というと、お前の悪い点を自覚せよというような、反省意識のように取られてしまうから）、唯識の上ではそれを「自証」というのです。

意識が意識自身を映していく、これが意識の本質である。「自証」という言葉で意識の本来性を、玄奘訳の護法唯識では言われる。曽我先生は、『了別と自証』というテーマを出されて、仏教学の講義をなされた。だいたい、それまでの仏教の学者の講義は、華厳概論とか、天台概説とか、教義学を説明するというのが普通であって、思想を語るというようなことは絶えてなかった。ところが、曽我先生が来られて、『了別と自証』というテーマで、仏教の根本問題を話された。これに安田先生は食いついたわけです。

安田先生と曽我先生との出遇いというものが、その後の安田先生の一生を決定したのだろうと、私は推測するのです。おそらく、読書としては、真宗大谷大学に籍を置かれて、清沢先生のものも読まれたでしょうし、あるいは唯識論も読んでおられた。何か自分の本能に唯識論が合うのではないかということは感じていた。しかし、教養学としての唯識学というものには興味がなかった。それが、曽我先生の唯識というものに出合って、自分の一生の課題はこれだというような思いがしたということを語っておられます。そういう曽我先生との出遇い、金子先生の『仏教概論』との出合いに加えて、この出合いが、結局、安田先生を近代真宗教学の担い手とした。

先生自身は野に生まれた。先生のお宅はお百姓さんであって、先生自身の骨格はお百姓さんです。そんなに背は大きくなかったけれども、非常にがっちりとした骨組の体つきで、首も太く、農民の風貌であられたのですが、先生のご実家は、祖父が、自分のお宅の全財産をなげうって、鳥取の河川敷を改修するとか、いわゆる善人というか、良いことをすることが好きだったようで、男の子が無くて、ご養子で父親が入られた頃は財産はすでに無かったようです。

ご養子に来た安田先生のお父さんは、不幸にして、男のお子さんが二人出来た後、家に帰されることになって、お母さんが、おじいさんが亡くなった後、この落ちぶれた家を出なければならないような羽目になって、看護婦さん、あるいは助産婦さんをして子供さんを養わなければならないというような生活の中でお子さんを育てようとしたけれどそれがかなわず、二人の男の子を親族にあずけて単身大阪に出られた。

そういうことがあって安田先生は、本当は長男として、家を復興する願いを親戚一同からかけられていたそうですけれども、たまたま宗教心、菩提心にもよおされて、真宗大谷派に因縁が深くなって、一代、聞法に命を投げられた。

その中心問題は、ご承知のように唯識思想の解明です。しかも、護法の唯識、曽我先生から与えられた『了別と自証』の問題を一代、尽きることなく唯識の問題を考えておられた。

何故唯識かという問題についてはよく分からないところがありますが、先生自身にこれを明らかにすることが、自分が持った思想課題の運命であるということがあったのでしょう。非常に情熱的に一代唯識論を解明していかれました。

それと、若くして母上と分かれて、いわば他人の世話になっていた。そんなことは先生自身、語ったことはなかったのですが、奥様が私におっしゃって下さった逸話があります。

先生は病院に入っておられて、七十歳近くなって結核で倒れて、一九六七（昭和四十二）年に、これは私は忘れもしないのですが、ちょうど私共が結婚をした年なので、忘れられない。結婚するその司婚をお願いに行ったのです。司婚をお願いに行くと、先生は、いまだかって司婚などをしたことがない、嫌だとおっしゃるのを、どうか引き受けて欲しいと頼んで、嫌だとおっしゃっていたのですが、後にはたから聞いたところによると先生は、司婚というのはどうやってやるのだと言って、ある住職に習っていたそうなのです。

だから、先生の心の中では、あいつのことだから、しょうがない！　やってやろうと思っておられたらしいのですが、四月に結婚する予定だったのですが、先生は二月に北陸に講義に行かれて、寒い中を風邪を引いておられるのをおして連続講義で会座を三カ所ほど回られた。北陸あたりの大きなお寺には、書院の外に御殿というのがあって、法主が来られた時だけ通す。そういう別棟がありまして、そこから渡り廊下がわたっていて、その別棟の中は昔のままですから、冷え冷えとして冷蔵庫みたいなものです。そこに炭の手あぶりを置いてあたるような形でしかなかった。

おそらく、昭和四十年の初めというと、いくらか石油ストーブみたいなものは入るようになったかも知れませんが、とにかく寒い。そういう寒い所を、先生は、自分が教えた学生が帰ってその住職になっていて、先生を招待するという場合は出向かれたわけです。風邪を引いているなかで、講義をされて高熱が出ていても休まれない。京都へ帰って倒れられた。あんまりひどい咳をするからというので、医者へ行くのは嫌だと言うのを、奥さんが医者に往診をたのんで無理矢理診察をしていただいたら、これはちょっとおかしい、肺結核ではないかということで、すぐ入院せよということで、先生の縁の深かった富田病院というのが側にありまして、院長の別宅で昔、安田先生が相応学舎の講義をしておられたことがあったそうで、そういう因縁でその病院に強制入院させたところ老人性結核だということで、絶対安静ということを命じられたそうです。

先生は頑として絶対安静を受け入れないで、絶対安静だそうだと言って、看護婦がいないすきを見ては本を読んでいるというようなことだったそうです。倒れてから入院されたのが三月でした。そんなことで、富田病院では安静を守らないから駄目だということで、京大の結核研究所の所長さんが金子先生の門下生であるというような仏法の因縁があって、京大病院の結核病棟に入院された。富田病院では個室だったので自由勝手だったのですが、今度は大部屋なので他に患者がいるものですから、勝手に電気をつけることが許されない。夜は真っ暗闇になるということで、少しく安静を取られるようになった。

本当に頑固な先生で、よくこんなに頑固に出来るなあというほど頑固な一面があった。その頑固な先生と同じ部屋に、女性の患者がおられたそうですが、その患者が先に亡くなられた。先生はたまたま結核では亡くならなかったのですが、その女性の患者が長い入院生活の中で先に亡くなっていかれたらしいのです。そうしたら先生は退院されてから、奥様に何も言わずに、その女性患者のお宅に黙って弔問に出向かれたらしい。一周忌にも出向かれたらしい。

向こうでは変な顔をしたそうです。病院で何かあったのではないか、みたいな顔をしたそうですけれども、先生はそうではない。奥様が言っておられたけれども、母親が若くして亡くなったということがあって、その女性は結核になったということと、家族関係がどうだったのかわからないけれども、とにかく病棟に入っているのに一人として見舞いに来なかった。隔離病棟ですから、見舞客が嫌がるのです。結核が伝染《うつ》るのが嫌ですから、あまり見舞いに行かないし来ない。

そういうこともあったのでしょうけれども、家族が、ご主人も、子供も、誰も見舞いに来ない。そういう中で、結核で亡くなっていかれたその女性に対する哀れみと言いますか、そういう思いが先生に強かったのではないかと、奥様は私にこっそりと話して下さいました。

そういう一面が先生にあって、表は頑固で絶対人の言うことを聞かない。本当に頑固で、七十歳過ぎてから入れ歯が壊れて、歯が無くなって空気が抜けてしまって、喋ることがよくわからない。それで弟子がどうか歯医者に行って下さいと言ってお金をあげると本を買ってしまう。

曽我先生のところに年賀に行った時に、「安田君、君、何を言っとるか分からんから歯医者に行きたまえ」と言われたが、帰って来た後、私に向かって、「いくら曽我先生が言ったからって、医者に行くわけにはいかんよなあ、君」と言うのです。私は返事のしようがなかったのです。

そういう頑固な一面がおありだったのですが、隠された一面に、先生のやさしさと言うか、哀れな弱い存在に対する同情の念、哀れみの念の非常に強いところがおありだったということを知らされたわけです。そのことは、単にかわいそうな人に対する同情心というよりも、先生の人間存在に対する憶念の情というものが、やはり親鸞教学に出遇わざるを得ないような因縁を持っていたのだということでしょうか。

禅宗の強さといいますか、先生の表は一面、禅宗の居士《こじ》のような強さがあって、先生は社交が嫌いで、社交的な付き合いを一切なされない。先生を利用しようとして、僧侶やらが寄って来るのを絶対に受け付けない。社交的儀礼というものを一生なされなかった。菩提心に立ってしか付き合わないという非常に強い姿勢を貫かれた。普通ならちょっとは折れるところを絶対折れない。一面にそういうところのある方だったのですが、裏に先生には、優しい面があったということを知らされました。

キリスト者の殉教のことに触れましたが、イエス・キリストという人に対する先生の情念という面でも、イエスが信念の為に十字架で死んでいったということに対する思い入れが、普通の仏教者が持つキリスト教に対する思いとはまったく異質なものを感じます。人間の苦悩に対する痛みのようなものが先生にはあったのではないか。そのことが先生をして、単なる教義学者であることを許さない。教義学というものは、求道的・実存的な思想というよりは、言葉で防衛的に、自己保身的に体系を作り上げるようなところがありますから、そういうものを絶対許さない。教義学者に対しては、もう絶対に許さないような言い方をなさっておられました。

人間として許せないというような言い方をなさった。何であのように強く言われるのかというと、単に菩提心がないという言い方ではなくて、教義学者を許せないのは、人間のナイーブな、人間が人間でありたいという深い要求を何処かで殺していくようなものを、先生は一代の求道の中で何回か目にしたのではないかと思います。ご自身もそれでひどい目に合われたことも、人生の中でおありだった。

単なる教義学を超えて、仏教学とは人間学だという言い方をなさっていました。人間が人間を学ぶのだ。本当に人間を学んでいく形としての仏教学だ。そういうことをおっしゃっていた。その辺に教義学であるよりも、人間であれという先生の祈りのようなものがあったのではないかということが思われます。

五、茂田井教亨・ティリッヒとの対話

晩年に先生は対話をなさったことがありました。これは曽我先生の責任を引き受けられたわけですが、日蓮の学徒であった茂田井《もたい》教亨《きょうこう》という先生がおられました。日蓮教学の泰斗で、茂田井先生と言えば、大先生なのです。この茂田井先生と、安田先生とが対談をなさった。対談と言っても、安田先生がほとんど一人で延々と何時間も語られるような妙な対談だったようです。それを茂田井先生は黙って聞いておられたそうです。

茂田井先生という方は、日本橋の商家の生まれで、縁あって日蓮宗の僧侶になられて、立正大学を卒業なされて、自分は教義学はやりたくないということで文学をなさった。ところが縁があって曽我先生の『日蓮論』を読んだ。日蓮上人について曽我先生が論文を書いておられて、その独創的な日蓮論に触れて日蓮教学をやる気になられたという逸話があります。

そういうことがあって曽我先生の教学を日蓮教学の中に取り入れなければ日蓮教学の命が回復

出来ないと。日蓮上人の面目が殺されてしまっていると。日蓮上人が教団に祭り上げられるだけで、生きた宗教者としての日蓮がなくなっているのではないかというのが茂田井先生の魂の叫びなのです。立正大学の日蓮教学にも曽我先生が見ていたような日蓮像を取り込まなければならないと。だから、曽我先生の流れの学問を何とか若い日蓮学徒にも知って欲しいという茂田井先生の願いがあって、それで安田先生との対談ということが試みられたそうです。

安田先生は、「曽我先生は、本能で日蓮上人が好きだった」と、曽我先生についておっしゃっていたことがあります。「叫ぶような日蓮に曽我先生は本能が合っていたのだ。だから曽我先生は東京が好きなのだ。僕は、東京は嫌いだ」。こういう言い方をしておりました。日蓮上人は、ご承知のように千葉の生まれで、関東気質と言いますか、関東武士みたいなところがあります。

曽我先生は新潟の越後の生まれで、お母さんが、お百姓さんからお寺に嫁に来ておられて、曽我先生の血筋にお百姓さんの血が入っています。『法華経』は譬喩経だと言われますが、その譬喩の中に「地涌《じゆ》の菩薩」ということが出てくる。その「地涌の菩薩」が曽我先生は大好きで、「法蔵菩薩」は「地涌の菩薩」だということを言われたことがあって、地面を割って竹の子が出てくるように、地面から涌《わ》き出るような菩薩、そういうイメージが日蓮上人と出合って曽我先生に、日本の大地を割って涌き出た菩薩、そういう点で日蓮上人を評価するところがあったようです。

人間として触れたい、人間として何かを求めるものがあれば触れたいということがあって、安田先生は茂田井先生と対話されたようです。けれども、後で私におっしゃっていました。「自分はがっかりした。曽我先生と縁を結んだというから出て行ったのだけれども、かれは教養学者だ」と言っておられました。つまり、教養学者というものは語るに足りないというわけです。場所を京都の比叡山ホテルと言って、山の上の景色の良い所に設定したらしいのです。初めて、京都の町を一望に出来るホテルのもとで、夜景を見ながら安田先生は大説法をされたらしいのですが、それっきり茂田井先生とは縁がなかった。

先生は思想問題として語るということが自分にとっての使命のように感じておられた。そういう点では、先生の還暦の年に、先生としては一代の事件が起った。それはアメリカからティリッヒという神学者が来られた。キリスト教団が呼んだのでしょうけれども、その時、同志社大学で講演をされた。その機会に東本願寺の側の願いで、ティリッヒと安田先生・信国先生との鼎談が催された。

ところが、その話がはずんでどうしてももう一度会いたいということをティリッヒが申し入れられたので、わざわざ軽井沢に席を設けて、再度鼎談を催した。『宗教と文化』（岩波書店刊）という名の本の中にティリッヒが、「日本の仏教者と会った。一人は僧侶で、一人は思想家であった」ということが書いてある。それを先生は非常に喜ばれて、「信国君は僧侶だね」と、言っておられました。その時の対談でティリッヒは安田先生から示唆を受けられたということを語っています。

先生は、一代を通じて教義学ではなくて、人間の問題としての思想を明らかにしようとした。したがって、ティリッヒの著作も読んでおられたし、新教出版社から出ていたキリスト教神学関係の雑誌、『福音と世界』を亡くなるまでずっと購読しておられました。それも、勿論、信仰と無関係ではないのですけれども、キリスト教は現代の問題と切り結んで、新鮮な思想問題をいつも取り上げている。

その問題を先生は一緒に考えたいという思いがあったのではないかと推測します。先生は本当に生き生きとした思想問題をいつも見据えておられて、その問題意識を離れずに『唯識三十頌《ゆいしきさんじゅうじゅ》』を一代読み続けられたのです。古典を読んでも、現代の問題と切り結んでおられる。そういうことが先生の一代の歩みになっていたのであろうと思います。

六、相応学舎・教団に対して

もう一つは、先生は大谷大学に来る大谷派宗門の子弟たちと一生付き合われた。と言っても、先生に似たような頑固な偏屈な人間は、一学年に一人いるかいないか、一人いれば先生と縁が出来るということです。普通の人間は寄り付かない。とにかく不機嫌な顔をしているし、会えば難しいことを言うし、何を言っているか分からないし、だいたい地位も名誉も無いのですから。だいたい何々教授だから行くとか、何々大学を卒業するために行くというのが大学生なのです。何を言っているのか分からない人が野にいるのですから、普通は行かないわけです。

　真宗大谷派の子弟の中にたまたま学年に一人ぐらい求道的な学生があって先生を尋ねて行く。それが先生に縁を結ぶという形で相応学舎は、一九三三（昭和八）年頃から、私が行きました一九六一（昭和三十六）年頃まで、三十年近い歴史を経て来ていて、先生が亡くなられるまで続いた。相応学舎四十周年記念講演を、一九七三（昭和四十八）年に催したことがありました。そういうことで、先生は一代、学生の会を大切にされ、その会は相応学舎と名付けられていた。「瑜伽《ゆが》」という言葉が「相応」と翻訳されている。ヨーガです。唯識論の学派は瑜伽行派と言われたのですが、ヨーガという言葉は相応と翻訳されている。安田先生がご自分で語る場所、学生が聞ける場所を、曽我先生が相応学舎と名付け、ご自分で筆を取って相応学舎とお書きになった。その小さな看板を安田先生は生涯大事にされた。

　幸いにして学舎に学生がいなくなるということはなかったそうです。四年間に一人や二人はいる。ひどい時は、相手は一人の学生で、先生の講義が三日間続く。そういうことがあったそうで、学生の方は大変だったと思います。ともかく、潰れずに続いたのは、来る者は拒まず、去る者は追わずだからだと。自由な学舎だったのだと言っておられました。来る者はあまりいないし、縁が出来たからには逃げるに逃げられない、というのが一面で学生の心情だったのではないかとも思います。

そういうぐあいに続いた相応学舎から、『僧伽《サンガ》』という雑誌が出ていた。これは先生の学舎に対する思い入れ、宗教に触れた人が誕生するその一人一人が教団なのだ。教団という体制があるのではない。仏法に触れた人が生きているところに、共同体として教団があるというのが先生の信念であったようで、勿論、真宗大谷派という現実の教団も、先生は決して否定されませんでした。

封建時代をくぐり、七百年の年月を越えて来た教団の宿業《しゅくごう》というものを、先生は無下に否定はされませんでした。先生は一九四三（昭和十八）年に、訓覇《くるべ》さんが先生を得度させようというので、強引に東本願寺で得度させたそうです。その頃はまだ、法主自らおかみそりを当てる得度だったそうですけれども、先生はそれを否定なさらずに、得度を受けられたそうです。

得度を受けられた後、頑固一徹の先生でしたから、そんなことは無関係だと言いそうなものですが、そのことについての感想を、親しかった北原繁麿さんに書いておられます。その手紙をあとで見せていただきました。先生が非常に感動されている。縁あって伝統ある教団に迎え入れられた。本当に自分はかたじけなくも僧伽を賜ったと。先生は後にも時々そういうことを言っておられました。自分は本当に資格なくして教団を賜ったということをおっしゃっていました。

あの頑固な先生がこんなことを本当に感じたのかと思うほど謙虚に素直に先生は迎え入れられたことを喜んでおられたのです。しかし、腐り切ったというか、完全に表は法主体制、ヒエラルキー体制、そして習俗の形としては、真の念仏の教えがほとんど聞かれないような状態で続いている情けない体制になっている教団に対して、安田先生は非常な愛情を持たれて、本当にその中に育っていく若き学徒の一人一人が教団を荷《にな》っていくのだと。やはりそこに清沢先生が感じられた教団の恩義というものを先生も感じておられたのです。

ここがやはり近代のキリスト者と言われる内村鑑三《うちむらかんぞう》と清沢満之との決定的な違いと言われるのです。内村鑑三は、キリスト教を信じたけれど、しかし、キリストの教団というものは、キリスト者として必然ではない。無教会主義でいくと言い出された。内村鑑三は無教会主義という形で縁のあるところでキリスト教をつたえていくと。そこでは非常に優秀な、その後の日本の天皇制国家体制の中で、かろうじて、自由主義というか信仰の自由を支えようとした人たちが沢山育った。

それに対して清沢満之は教団に身を投げた。そのおかげで早くして死んでいくはめにもなったわけですが、清沢先生は、あたかもキリストのような意味がある。清沢満之は、人類の苦悩を荷ったのだと安田先生は評価しておられました。だから教団を荷うということと教学をするということは別のことではない。我一人信仰を得るとか思想を考えるのではない。教団とともに考えるのだということを安田先生は、ご自分に課すがごとく考えておられて、自分の小さな学舎の、本当に数人の学生が作るという雑誌の題に「僧伽」というテーマを付けられた。

「僧伽」というのは古い釈尊の時代の教団に付けられた名告《なの》りです。この時代の僧伽は、出家の比丘《びく》、比丘尼《びくに》の集まりを言ったのだそうです。在家の仏弟子も優婆塞《うばそく》、優婆夷《うばい》と言われますが、当時は僧伽には入れなかったそうです。

しかし、現代の課題として、浄土真宗の教団ということを、「僧伽」のテーマで考えられた。歴史を担った教団を先生は、非常に厳しい批判を浴びせながらも決して見放さず、暖かく、情熱をかけて、その中に新しい息吹としての人間を送り込んでいこうという願いで、「僧伽」という雑誌を創刊され、学生が作った先生の講義録の原稿を持って来ると、真っ赤になるほど手を入れて、ガリ版刷りの手作りの新聞のような、パンフレットのような機関紙を出していかれるのを暖かく見守っておられた。

七、安田先生の願い

先生の教学というものには、単に一人の自由人が自由に野で思索したとは言えないものがある。やはり何処かで親鸞聖人を仰いで、親鸞聖人が同朋《どうぼう》と呼び掛け、念仏に生きようと決断した人たちを生み出したこの教団体制、その重い歴史を荷った体制に縁あって結ばれた先生が、自分の思想の課題というもの、仏教学からすれば唯識、信仰の問題としては念仏を本当に主体的に生きようとされながら、しかも、人間が生きる場所として本当の宿業の重い教団というものとの係わりの中で、何か重い課題を果たしていこうとされたわけです。

これが、やはり、私共が先生を憶念する時に、いろいろの面のある先生であったけれども、何か、最後は、先生はやはり、真宗大谷派の中で催される会座にいのちをかけられた。最後は本当に呼吸するのも辛い、散歩なども出来ないほど体力が弱っている中を、お寺で催される地方の聞法会にわざわざ出向かれて、二月の寒い中を出向かれて、帰って来て倒れて亡くなっていかれた。先生の一生はいのちをかけた求道の情熱の歩みであると同時に、人類の思想問題を一身に担って歩む、しかも、腐り切った教団の中に根を据えて、なんとか生きた教団になって欲しいという願いをかけていかれた。こういうわけで、私共が先生を思う時、とても先生の課題は荷い切れないわけですけれども、一端なりとも先生の志願というものを頂きたいと思うことです。

先生が亡くなって三十三年ですが、先生自身は師の曽我先生を対象化して語ることがなかった。決して、曽我先生とはこんな人だというようなことを語ることはなかったし、何故、そうしないかということについては、先生自身の語ることは全部曽我先生から頂いたものだと言ってもいいと。曽我先生から全部頂いた。自分の語ることで曽我先生でないことは一つもない、と言っておられて、だから自分のことを語るしかないのだと。精一杯考えると、これが曽我先生を語ることなのだと言っておられました。そういう意味で私が安田先生を対象化して語ることなど許されないのですが、一応、私が頂いた先生という方の一面を、縁あって皆様方に語ることも無意味ではなかろうと思い、お話しさせていただきました。

第二回　相応学舎

一、金子大栄先生の異安心問題

安田先生には、生涯にわたって大事にされた聞法の会座《えざ》「相応学舎《そうおうがくしゃ》」がございます。昭和十（一九三五）年から先生が亡くなるまで続いていた学舎です。

昭和三（一九二八）年に、金子大栄《かねこだいえい》先生が、東本願寺の異安心《いあんじん》問題で責任を問われて僧籍を削除された。その時は、金子先生が大正の末にお話しになった、『浄土の観念』および『如来及び浄土の観念』という二つの講話がありまして、その内容が非常に優れているということで、その当時聴講された方が筆記をまとめて出版をされた。それが東本願寺の当局から咎められたのです。

その頃に、鳥取県出身の野々村直太郎という宗教学の先生がおられて、西本願寺の僧籍をお持ちの方なのですが、龍谷大学の教授職にあったのに、あえて、『浄土教批判』という題で著作を出された。野々村という方は、東京大学宗教学科を出られて、昔は、その年度の最優秀の学生に恩賜賞として天皇陛下から銀時計が与えられた。その当時は、特権階級のような意味が東京大学にあったのでしょうが、学科で一番優秀な生徒に限って銀時計を賜るということがあったそうです。いつから始まったのか、いつまであったのか私は全然知りませんが、ともかく銀時計組と言えば、秀才の誉れ高いということでした。野々村先生も、その年度の銀時計を受けた方だったそうですが、龍谷大学の教授になって京都におられた。先生は鳥取の方で、私は鳥取の方というと安田先生しか知らないのですが、恐らく安田先生と同じように一途な方だったのでしょう。

親鸞聖人の教えを伝承する浄土真宗が、一般に流布しているような死後の浄土の教え方では、世界に誤解される。もし一般に流布している死後の浄土なら、外道《げどう》なのではないか。本当の親鸞聖人が明らかにした浄土とは一体何であるのかというようなことを宗教学の立場から考えられて、『浄土教批判』という題で出版された。

内容は、浄土教のあれこれを全部扱うという関心ではなくて、本当の親鸞聖人の信仰に還って欲しいという願いが溢れている文章なのですが、西本願寺では、これを問題にして、呼び出して、野々村先生の僧籍を削除して、教授職から追放したのです。龍谷大学の先生方は、それっきり皆恐れをなして、もう浄土のことについては口を塞いでしまった。

ところが、清沢先生の影響を受けた大谷派では、金子先生が代表して、浄土とは何かということを論じはじめた。『浄土論』の講義、これは後に岩波書店から『彼岸の世界』という名前で著作が出ましたけれども、親鸞聖人が研究なされた顕浄土真実の浄土とは何であるかということで、『浄土論』の浄土を解明する。こういう形で金子先生は答えようとされた。

二、当時の大谷大学・曽我量深先生の辞職

その当時は、カント哲学全盛期で、特に京都大学あたりでは、新カント派と言われるような学

派が取り上げられて、若き西田幾多郎先生が論陣を張っていた頃です。そういう影響もあって金子先生は、カント哲学を勉強されていたのでしょう。それで、浄土とは何であるかという意味で、『浄土の観念』と題された。その観念は conception ないし idea という言葉の翻訳用語だと思います。

ところが、『浄土の観念』というタイトルに「観念の浄土」というニュアンスを読み取って、金子先生のお話の内容とか、考えの内容を細密に吟味することをしないで、その当時の教学の正否を判断する本願寺の機関で、これは異安心だと先生にレッテルを貼り付けた。金子先生は、自分の信念をかけて、こういうことだということをお話しなさったけれども、その内容について題が悪いし考え方が間違っているということで、異安心とされてしまった。金子先生は大谷派の僧籍を剥奪され、大谷大学を辞めさせられています。

昭和三（一九二八）年にそういう事件があって、曽我先生にもあの手この手の圧力がかかったらしい。大谷大学とは言っても小さい大学だったのです。私が、昭和三十六（一九六一）年に大谷大学に行った頃でも、一学年二百人を切るような大学でしたから、恐らく、金子先生が教授しておられた頃の大学は、一学年百人に満たないような、カレッジだったのでしょう。宗門から相当の額の援助を受けて成り立っている学校であり、ほとんどの学生は宗門寺族の子弟であった。私が行った頃でも九割以上が寺族子弟でした。宗門の寺族子弟ということは、お寺の跡取り息子、ないし、次男、三男であっても宗門に所属したいというような学生が入って来る学校であった。要するに、僧侶養成学校という形だったのです。ですから、宗門が非常に密接に関係していて圧力をかけてくる状況があった。

曽我先生が教授に戻られたのは大正十五（一九二六）年なのですが、それから五年ほどの間に、有形、無形の圧力がかかって、昭和五（一九三〇）年にとうとう、自分が居ることが、佐々木月樵《げっしょう》さんにも迷惑をかけ（佐々木月樵さんは早くに亡くなっていかれた）、間にはいって、学問の自由と教団の圧力（教団を支えているその当時のイデオロギーは古い封建体質そのものですから、法主《ほっす》のみが善知識であり、善知識に背くなら僧籍削除だというような雰囲気が残っている状況ですから）、学問の自由だと言って思い切ったことを言うと、もしそれがちょっとでも封建的体質に合わないと圧力がかかる。こういう状況だったようです。

曽我先生は、非常に意思の強い方だったですけれども、恐らく、自分が大谷大学に職を持っていることが、周りの人に多大な迷惑をかける。圧力に負けたわけではないと思うのですが、涙をのんで自ら辞表を書かれた。辞めろという圧力があの手この手からかかって、とうとう曽我先生が辞められたのが、昭和五（一九三〇）年です。金子先生の時にも起こっているのですが、一九三〇年の曽我先生が辞めたあとのストライキは大変激しかったそうです。松原祐善先生が卒業したばかりだった頃です。そのストライキ問題をくぐって、それから以後の大谷大学はすっかりおとなしくなってしまった。反抗した教授は皆首を切られた。自ら辞表を出してストライキに賛同した教授は戻れなかった。戻るをいさぎよしとしない方もあったろうし、戻りたくても戻してもらえないという方もあった。それ以後の大谷大学は、宗門のいいなりのようになってしまったところがあったのです。

三、興法学園・相応学舎の誕生

一九二八年の追放事件は、松原祐善（後に大谷大学学長）、訓覇信雄《くるべしんゆう》（後に真宗大谷派宗務総長）という方たちがちょうど卒業する年にあたっていて、その方々が、曽我先生、金子先生に学ぶ場として「興法学園」という学舎を鹿ヶ谷《ししがたに》に作った。

その当時も鹿ヶ谷は京都の市街から相当離れていて、畑や田圃を通って行くような状況だったのでしょうけれど、そこに、ある方が意気に感じて、一軒家を貸してくださった。そこに興法学園を開いて、その興法学園の寮長として、安田理深先生が入られて、何人かの学生と共同生活をされた。それは東京にあった清沢先生の浩々洞《こうこうどう》をモデルにして、一切私有物を持たない。地方から送ってきた、お米、お茶、お金等、全部共同で使う。そういう形で共同生活を始められた。

そこから雑誌『興法』を出した。雑誌と言ってもタブロイド判の新聞のようなものですが、それを安田先生が編集責任を持って毎月発行していかれた。小さいけれど、内容の密度の濃い雑誌です。一九三〇年から一九三三年ぐらいまで続いた。

金子先生は、紹介して世話する方があって、広島文理科大学（後の広島大学）に教授として赴任された。学生はそれぞれ郷里へ帰っていった。曽我先生も郷里に帰られる。そういうことがあっても安田先生一人が残られて、その後、新しく学生になってくる人たちの教育という意味もあって、ずっと安田先生を中心に勉強をしていきたいという学生の願いがあって、その会に対して、曽我量深先生が、「相応学舎」という名前を付けられ、ご自分で相応学舎と書いた表札を安田先生に託された。曽我先生の書かれた「相応学舎」の表札は、今も「相応学舎」の床の間に飾ってあります。「相応」と書いた字も額になって飾ってあります（これは新田秀雄さんの寄付）。「学仏道場相応学舎」という小さいけれども、大変情熱のかかった学舎が誕生したのが昭和十（一九三五）年です。

といっても学生は四年たったら卒業していくわけですから、入れ替わり立ち替わりです。大体一学年に何人かというぐらいのものだったそうです。その後の大谷大学はすっかり牙を抜かれてしまって元気のいい教授は一人もいない。便々《べんべん》として宗門の意向にへつらい続けるような教授だけが残った。抵抗するような人間は皆追放された。結局は、安田先生は野で、気骨のある学生、学校の講義が面白くないという不良学生といいますか、数の少ないそういう人たちに対して、唯識論を中心にして独特の講義を続けられた。

それは、安田先生三十五歳から始められた。この間、確認しましたら、奥様と結婚なさったのは昭和十三（一九三八）年だそうです。そして上賀茂の農家の一軒家の離れに住まわれた。周りは全部田圃でした。田圃のただ中に、離れというか、小さな作業場みたいなものがあって、あるいはお年寄りの隠居所だったのかも知れません。そういう所を先生ご夫婦はお借りになって、勿論、田圃の真ん中でしたから、つるべで水を汲み上げる、丸掘りの井戸です。便所は勿論、戸外にある。農村に一昔前によくあって、今でもたまにはありますけれども、玄関を出て、五メートルぐらい行った所に別棟で小さく建っているトイレ、そういうような所で先生は、昭和四十二（一九六七）年に病気で倒れるまで生活をなさった。肺結核で倒れられた。

それまで相応学舎という学舎をずっと続けられた。病気で倒れられて五年ほど結核を患って立ち直られたのは七十歳を過ぎてですけれども、改めて唯識論を読み直し、『十地経論』を続けて読むというようなことで、八十二歳で命終されるまで、学舎の持続と仏教の学問を、身をもって歩まれたわけです。先生が亡くなられた時に、松原先生が、相応学舎の主人だったのだから、相応院がいいだろうということで、安田先生に相応院という院号を贈られました。そういうことで相応という言葉は安田先生にとって大変馴染みのある、また、愛着のある言葉なのです。

四、「相応」の意味

ところが、相応ということを曽我先生が名付けられた根拠については、私は聞いたことがありません。相応とは何であるかということについて、先生は説明されるような講義をなされた記憶はないように思います。ただ先生は、『浄土論』、あるいは『唯識論』ということをいつも心の中に持っておられましたから、世親《せしん》菩薩の思想に深い関係があるということは思われます。ある時、仲野良俊さんが何かの会で私と話している折りに、相応というのは、ヨーガだと言われた。瑜伽《ゆが》だと。仲野良俊さんは、安田先生の唯識にかけた願いというものを何とか布教に役立てようとして、『唯識論』の講義をノートに取り、教団の同朋会運動の先端に立って説法に走り回る中で、唯識の講義をなされた。

安田先生は、一番前に座ってテープを取りながら聞いている仲野さんに向かって、「わしの講義を薄めて売っている奴がいる」と、仲野さんが一生懸命ノートを取っている時、そうやってひやかしていましたけれども、それを仲野さんは覚悟の上で、先生の難しい講義を自分なりに薄めて売りまくったわけです。仲野さんの了解では、安田先生の唯識にかける情熱というものは、唯識の瑜伽行者として生きようとしておられるのだというように見ておられた節がある。それで仲野さんは、相応は瑜伽だと私に言ったのだと思います。

確かに辞書を引きますと相応とは瑜伽（ヨーガ）です。ヨーガというのは今でも流行っておりますが、健康法あるいは呼吸法としてインドでずっと伝えられている一つの観法です。ヨーガという言葉を付けた論がある。『瑜伽師地論《ゆがしじろん》』というのがあります。瑜伽師というのは、唯識観をする行者です。唯識は単なる教義ではなくて唯識観ですから、唯識の教えにのっとって定《じょう》に入る。瑜伽というのはサマーディと同じような意味です。精神統一して真理と一つになるという意味を含んだ行、それが瑜伽です。ヨーガを実践する者のことを瑜伽師と言います。瑜伽を実践する人達の学問論というものが『瑜伽師地論』という大変大きな体系を持った書物になっています。『瑜伽師地論』は、瑜伽唯識の拠り所とする論の一つです。

そういう瑜伽行派の名前としての瑜伽という意味と、それがもうちょっと時代が後になって、密教が興ってきますと、三密《さんみつ》ですが、如来の三業《さんごう》と人間の三業と一致させるという、人間の身口《しんく》意《い》の三業、経験、行為というものを、如来の三業と一致させる、というような行、密教の行者を瑜伽行者というような、そういう行、ヨーガ・アーチャリアというようになったようです。

瑜伽行というのは日本に入って来た時には、密教の行者（阿闍梨《あじゃり》）の、瑜伽阿闍梨という言葉がありまして、阿闍梨の名前として流布しているようです。しかし、相応が瑜伽だというとすると、努力して、精神統一し、真理と一体になるような神秘的な直感といいますか、神秘体験のようなものが瑜伽の目的だということになります。真言行者は、神秘的合一といいますか、自分の生きているということと、そこに用《はたら》く如来の生命というものが、神秘的に一体になるような境地を求める。自分の三業に三密が加持《かじ》する。如来の密《ひそ》かな力というものが乗り移って、自分の行為が如来の行為になるような境地をヨーガの実践を通して獲得しようとする。そういうことで瑜伽行というものが求められていたようです。

五、唯識思想の相応

言うまでもなく、曽我先生が安田先生に託した学仏道の道は、真言密教のような神秘的合一を言ったものでは勿論ない。ヨーガにはもう一つの別の意味があって、相応という意味を持っている。相応と翻訳される場合は、唯識の教義の中で、心と心所、意識と意識に付属する心理というものを分けて、しかし一体になって起きていることを表す。

意識というものは、法相唯識《ほっそうゆいしき》では三層といって、前六識と第七識と第八識という分け方をするのですが、そういう識別をして、それにそれぞれ相応する心理があるということをきちっと分ける。どういう煩悩が、どういう意識に相応するかというような分析をする。その場合の相応は、関係あるいは関連、契合（ぴったり一致する場合）というように使う。

日本語の場合は、古語で敬語の例があるのですが、文脈上この敬語は誰に使われているか、ということがそれ相応の格で使い分けられている。ドイツ語などでは、男性、中性、女性と名詞に性があります。名詞に性があると、それに付いて来る形容詞は全部その性の規定を受ける。だから、女性の名詞に男性語尾を持った形容詞を付けるというのは文法的に間違いになる。

現象としては言いにくいのですが、たとえば、女性が日本の伝統的な、色留袖《いろとめそで》とかお振袖《ふりそで》なんかを着るのはいいのですが、男性が着たら、相応《ふさわ》しくないといいますか、ぴったりしないと言いますか、そういう意味で、ぴったり関係が整う場合に相応という言葉がいきてくる。

意識の場合も、何に何が相応するか、たとえば煩悩の中で、貪欲《とんよく》と瞋恚《しんい》というのは結び付かないとされている。欲しい、愛着するという欲求と、嫌いだという欲求とが同時に起こることはない。交互に起こることはいくらでもあります。愛するが故に憎さ百倍とかいうことはあります。しかし、同時に起こるということはない。そういうのは相応しないと言う。何か連関して起こる。僻《ひが》みと妬《ねた》みとはくっついて起こる。そういうのは相応すると言う。

関係とか、関連とか、契合というような意味を持った間柄を相応という言葉で表して、相互関係を厳密に考察していくのが『唯識論』の特徴である。

六、如実修行相応

唯識の立場から言うと、もともと瑜伽師というような行者を表すような意味と、関係概念を表す場合と両方あるわけです。唯識観の問題が、初めに曽我先生が「相応学舎」と名付けた時の思いになかったとは言えないと思います。松原先生は曽我先生の真宗学の方面を受け継ぎ、安田先生は曽我先生の唯識の方を受け継いだというようなことが言われることもあるのですが、こういう意味で言うと、曽我先生の持っておられた学問的な問題として、唯識の問題の方を安田先生が深めた。真宗の方面は松原先生が背負った。一応分けるなら、そういう意味で、相応学舎という言葉を安田先生の学舎に名付けられたとすれば、何処までも唯識を捨てずに、唯識を通して真宗仏教を明らかにせよという曽我先生の願いがあったのかも知れない。ですから瑜伽行者という意味が全然ないとは言えないかもしれませんが、私はむしろ曽我先生が強く願われたのは、『浄土論』の「如実修行相応」ということなのではないかと思います。

『教行信証』「信巻」の三一問答を結んで「一心、これを「如実修行相応」と名づく。」（聖典二四二頁）とあって、これに転釈があり、「一心すなわち金剛真心の義、答え竟《おわ》りぬ。知るべしと。」（聖典二四二頁）と言われます。この『浄土論』の「如実修行相応」という課題、ここに相応という言葉の非常に重い意味がある。「如実修行相応」という言葉は瑜伽行の完成という意味も含まれていますが、この課題を『無量寿経』の教えによって、『浄土論』を通して、本当の意味で人間の上に仏教が相応するのだ、と。『浄土論』に、「我、修多羅、真実功徳の相に依って、願偈《がんげ》を説いて総持して、仏教と相応す。」（聖典一三五頁）、「与仏教相応」と「相応」という言葉が出されてある。その仏教と相応するというテーマが『浄土論』を貫いている。解義分で「口業をして讃嘆したまいき。かの如来の名を称し、かの如来の光明智相のごとく、かの名義のごとく、実のごとく修行し相応せんと欲《おも》うがゆえなり。」（聖典一三八頁）と言われる。「如実修行相応」というのは『浄土論』

のここにある。

相応学舎は、別に唯識観の道場という意味ではありませんから、ここの意味の相応ということを、私は相応学舎という名前に強く感じます。教えを通して仏陀の教えに本当の意味で相応する、と。

曇鸞大師《どんらんだいし》の場合は、「缶蓋相称」ということを言って、缶とその蓋とが合うように、仏教の教えと自分がぴったりと合うという形で相応を了解しておられます。唯識の場合は、物と物とがぴったり合うように教えと自分が合うというよりも、教えの言葉、教えの方法というものを通して、自分に本当の主体が成り立つ。教えられたことが対象としてあるのではなくて、教えが自分自身にまでなってくる。教えと自分とが二つあって一つになるというよりも、教えを聞くことによって自分の中に新しい自分が誕生するというような意味でしょう。教えとは歴史の中に伝えられて来た言葉ですから、その歴史の教えが、自分の上に新しい歴史の事実となる。こんな意味を持っているかと思います。

七、曇鸞大師の「相応」解釈

相応という言葉は『浄土論』で大変重い意味を持つ。『浄土論』は瑜伽行者としての天親菩薩の論でもあります。瑜伽の課題を『無量寿経』の本願を通して明らかにする。そういうことが自分の上に一心として成り立った。「我一心」とは、その事実を語っている。世尊の前に、私は一心が成り立ったという、そういう一心を如実修行相応だと押さえるのです。

大雑把に言いますとそういうことですが、如実修行相応という言葉は、「かの如来の名を称し、かの如来の光明智相のごとく、かの名義《みょうぎ》のごとく、実のごとく修行し相応せんと欲《おも》うがゆえに」（聖典二一三頁）と『浄土論』にある。五念門の中の第二讃嘆門というところです。だいたい言うと、礼拝門は身業、讃嘆門は口業、言葉です。その口業の讃嘆門のところに、天親菩薩が、この言葉を書いておられる。その言葉に曇鸞大師《どんらんだいし》が注釈を加えている。

どういう注釈かというと、「無礙光如来《むげこうにょらい》の名を称する」（聖典二一三頁）ということだ、と。親鸞聖人が「行巻」で「大行とは、すなわち無礙光如来の名を称するなり」（聖典一五七頁）と書かれているのは、これに拠られているのです。そして「如来の光明智相」とは、「仏の光明はこれ智慧の相なり」（聖典二一三頁）と。光は智慧の相である。明るくなるということは智慧の用《はたら》きである。「この光明は、十方世界を照らすに障碍《しょうげ》あることなし」（同）と。これは『阿弥陀経』からきています。そして「よく十方衆生の無明《むみょう》の黒闇《こくあん》を除く。日月珠光《にちがつしゅこう》のただ室穴《しつけつ》の中の闇《あん》を破するがごときにはあらざるなり」（同）と。この世の光というのは、日月の光、珠の光、それは暗い部屋とか、穴とか黒闇を明るくするという用きだが、如来の智慧の光は十方衆生の無明の黒闇、衆生の意識の闇、そこには無明の黒闇と押さえられる深い闇がある。その衆生の無明の闇を除く。

彼の如来の光明智相の如くというところに、曇鸞大師はこういう註をつけている。

次の段を一段としてまとめて、「かの無碍光如来の名号よく衆生の一切の無明を破す、よく衆生の一切の志願を満てたまう」(聖典二一三頁)と、こういう註をつけておられる。これも親鸞聖人が「行巻」に引用されるところです。名号が無明の闇を破する、そして志願を満たす。この註は、『浄土論』自身の国土功徳、器世間荘厳《きせけんしょうごん》の中にある言葉を拠り所としています。「名号が衆生の無明の闇を破す」ということは、光明功徳ということを受けているし、「衆生の一切の志願を満てたまう」というのは、一切所求満足功徳を受けている。

浄土(国土)の用きを、曇鸞大師は名号の用きとしてここに注釈をしている。つまり、浄土と仏名とは別ではない。如来の世界は如来の名前と別ではないと曇鸞大師は受けとっておられる。ところが大事なのは、「しかるに称名憶念あれども、無明なお(由)存して所願を満てざるはいかん」(聖典二一三頁)と、名を称し憶念しても、現実として自分の上に光が用かないのは何故か、と。無明なお存しては、「無明由存」で、親鸞聖人は「由」の字を「なお」と読んでおられる。まだ存している。「所願を満てざるはいかんとならば」と。そして「実のごとく修行せざると、名義と相応せざる」と。「実のごとく修行する」と「名義と相応する」と、二つの問題として曇鸞大師は注釈された。相応するという言葉は、名義と相応するという意味と、如実修行と相応するという二つの意味を孕んでいる、と。

「名義と相応せざるに由るがゆえなり」（聖典二一四頁）と。そこによるというのを理由の由という字を書いています。ここのところは、曇鸞大師の文章は「由不如実修行與名義不相応故」（聖全三一四頁）となっています。ここの言葉を安田先生は晩年に至るまで何回も何回も考えておられて、一九八二年二月に亡くなられたのですが、亡くなる直前に私がたまたま伺った時に、このことを言っておられました。〝曇鸞大師は天親《てんじん》菩薩の「如彼如来光明智相〜」（聖全二七一頁）という『浄土論』の文章を「如彼名義」の初頭で分けて「相応」は「名義」と「如実修行」にかかると読んだ。「相応」の内面に「名義と相応せざる」と「如実修行せざる」の二つの問題として読んだ。しかし、どうだろうね〜〟と言っておられました。〝もとの梵文をこう翻訳したのだけれども、もとの意味としては、曇鸞大師のような読み方は無理じゃあないかな〜〟と言って安田先生は首をひねっておられました。

そこに、私は何か謎をかけられたような感じを受け、ずっとその問題を感じております。そのことを随分考えてはみたのですけれども、何を先生が考えておられたのかちょっと分からない。

八、天親菩薩の「如実修行」

曇鸞大師の解釈は、二つの相応、名義と相応する、如実修行と相応するという二つの相応について、「いかんが不如実修行と名義不相応とする。いわく如来はこれ実相の身《しん》なり、これ物の為の身なりと知らざるなり。また三種の不相応あり」（聖典二一四頁）、二つの不相応をこういうふうに分けて、三種不相応の方は、「一つには信心淳《あつ》からず、〜。二つには信心一ならず、〜。三つには信心相続せず、〜」（同）という三つの否定と言われます。

これを語って、「信心淳からざるをもってのゆえに決定《けつじょう》なし、決定なきがゆえに念相続せず。また念相続せざるがゆえに決定の信を得ず、〜」「これと相違せるを「如実修行相応」と名づく」（聖典二一四頁）と。「不如実修行相応」の方は、心が淳くない、一つではない、相続しない。この三句はそれぞれ交互的である。「淳い」というのは、淳厚と熟字されます。誠実である、浅薄な浅い功利主義とか、損得打算とかそういう心ではない。厚みがある。不淳とは、信心の淳さというものがない。だから相応していない。そして、「一ならず、決定なきがゆえに」、これははっきりと決定していない。本当に決まったというのではない。だから、決めてみても迷い出す、と。「三つには相続せず」、相続とは、時間の持続です。いつまでも続いているということがない。「余念間《へだ》つるがゆえに」、余念間つ、違う心が入ってくる。そういう心だから相応していない。如実修行相応ではない。

如実修行という言葉は、天親菩薩においては解義分《げぎぶん》で三度使われる。三度というのは讃嘆門で口業讃嘆、名前を称するという所で一回。作願門《さがんもん》、願生彼国の願いの所で、「実のごとく奢摩他《しゃまた》を修行せんと欲《おも》うがゆえに」（聖典一三八頁）と。奢摩他を訳して「止」といいますが、止というのは願生の心に成り切る。浄土を願うという心に専注する。そこに願生心が奢摩他という意味を持つ。止というのは、他の心を起こらないようにして止めていくという、他の心が起こらないように切り捨てていくという修行。そうすると本当のものが現れてくる。我々の心は散乱していて何でも見ていますから、あれを考え、これを考えていますから、ほんとうのものは見えてこない。それを全部落としていって、願生の心そのものになった時に、本当に浄土が現れてくる。あたかも浄土に出遇うが如く、向こうから現れてくる。

そうすると、「毘婆舎那《びばしゃな》」が成り立ってくる、と。毘婆舎那というのは、観察です。観察は、こっちから向こうを見るというよりは、向こうから浄土が現れてくる。如来の世界が現れてくる。こういうふうに使って天親菩薩は三度、如実修行という言葉を書かれている。

これは五念門の内容です。一応は表から読むと、瑜伽行者が自分の努力で意識を統一して、向こうから現れてくるような意識になるように説いてある。その修行を通して浄土に生まれていく。解義分の初めに、「かの安楽世界を観じて、阿弥陀如来を見たてまつり、かの国に生まれんと願ずる」（聖典一三八頁）と、観と見とをくぐって願生するというふうに言っています。本当に浄土を観ていくことによって阿弥陀仏が現れる。見るということは出遇うわけです。見るということは向こうが現れる、それに出遇う。そこで初めて、本当に願生が成り立つと天親菩薩は書いておられて、本当に如実修行が成り立つなら、願生が出来る。

天親菩薩が言っている浄土というのは教えの言葉として、仏陀が浄土を説かれた、その浄土が本当に出遇われる内容となり、自分の本当の要求になるというように説いてある。ところが「相応」という言葉は、讃嘆門だけにある。奢摩他、毘婆舎那のところには、相応ということを言っていない。

九、行ではなく信心の問題

もう一つの問題は、『浄土論』解義分の結びの方に五功徳門というのがありまして、そこでは讃嘆門の果としての大会衆門《だいえしゅもん》について、「阿弥陀仏を讃嘆したてまつりて、名義に随順し、如来の名を称し、如来の光明智相に依って修行するをもってのゆえに、大会衆の数に入ることを得」(聖典一四四頁)とあります。「如来の名を称して、如来の光明智相に依って修行するをもってのゆえに」となっています。五念門では、「如来の光明智相の如く、名義の如く、如実修行し相応する」という文章になっていました。果の大会衆門では、阿弥陀仏を讃嘆し名義に随順し、如来の名を称して、光明智相によって修行する。こんなふうに書かれている。光明智相は修行に関係しているわけです。こんなふうに天親菩薩は考えておられる。

一方、曇鸞大師の註を親鸞聖人は大事にされて曇鸞大師の解釈を通して天親菩薩の意味を伺うことが出来たということで、三心一心のことを和讃に作っておられる。曇鸞和讃を見ていただきますと（聖典四九三頁）、二十七首から入って二十八首～三十二首まで、この問題を和讃しておられます。そして結びの三十二首目に、「決定の信をえざるゆえ　信心不淳《しんじんふじゅん》とのべたまう　如実修行相応は　信心ひとつにさだめたり」と。如実修行相応という課題は信心の問題だということを曇鸞大師は教えて下さったと。普通だったら、如実修行相応というのは、努力して修行すると書いてあるから、瑜伽行者の修行内容とも読めるけれども、曇鸞大師の意図は、不淳であり、一つでない、相続しないということがある故に、無明が除かれない。だから、信心一つが、讃嘆門に天親菩薩が「如実修行相応」と書かれている意味だと。こう曇鸞大師は見抜いたのだ、と。そう親鸞聖人は讃めておられる。

曇鸞大師は、「彼の名義の如く」という問題に対しては、『教行信証』「信巻」に引用されているように、実相身、為物身という二つの問題を出している。実相の身、一如法性といってもいい。形なき悟りそれ自身、如来は実相身である。法身《ほっしん》といっても良い。実相身であって同時に、また、物の為の身、衆生の為に身を現す。為物身。名義についてそういう解釈をしておられる。

つまり、曇鸞大師にとって、南無阿弥陀仏という名前になられた如来、南無阿弥陀仏という名前は、実相身だ。本当は形なき実相が形になっている。そして、それは物の為、衆生に呼び掛けんがため、無明の衆生に法性《ほっしょう》の悟りを開かしめんがための大悲の形である。

そういうような意味を曇鸞大師は表して、それを知らないということが名義と不相応という意味だ。名前の意味というものを知らないということだと、こう押さえたわけです。

十、人間存在の問題としての「相応」

しかし、解義分の結びの方の第五功徳門の言葉から考えてみると、阿弥陀仏を讃嘆して名義に随順するとあります。名義というものに随順する。阿弥陀を讃嘆することによって名義に随順する。そして如来の名を称して如来の光明智相に依って修行する、と。

本当は、讃嘆と称名は一つのことなのでしょうけれど、その意味を二つに分けて、名義に随順するという意味と、如来の光明智相によって修行するという意味と、両方を天親菩薩は語っておられる。光明智相の如くに相応するという課題があるわけです。曇鸞大師は、これに破闇満願という意味を読まれました。破闇満願の相というものに相応する。破闇満願の用《はたら》きを受けるというところに修行という言葉が置かれているのだ、と。

清沢先生は信仰の問題を「修養」という言葉で語られますが、自分に不平不満が残る、自分に無明が残るのは、まだ修養が足りないからだ。教えを本当に身につけていないからだ。如来の願を本当に聞いていないからだ。つまり不信心だと。迷妄があるということは、まだ修養が不足だからだとおっしゃる。この場合の修行、修養というのは、自力の修行ということではない。しかし、修養の不足ということは自力の執心が残っているという問題なのです。修養の不足を自覚するということは、そこに信心の課題、つまり名号それ自身はすでにして光の名となり、破闇満願の用きを具して我々に呼び掛けているにもかかわらず、我々がその用きを受けないのは何故か。

これを、名の意義を知らないということと、心が本当に純粋でないという問題との二面で解釈された。しかし、私は、もしこれを文法通りに読むならば、如という字は、「如彼如来光明智相、如彼名義」とありますから、「欲如実修行相応故」というのは、この二つの如を受けてくるのではないか。光明智相の如くに如実修行相応するという問題と、名義の如くに如実修行相応するという問題と二つある。

こう読めば、後の言葉が、名義に随順するという課題になる。彼の名義の如くに相応するということは、名義に随順することである。阿弥陀の名とその意味に随順する。阿弥陀仏を讃嘆するということころに名義に随順するということが成り立つ。

これは、まさに、親鸞聖人が第十七願を見いだされて、諸仏称名の願は阿弥陀が諸仏によって讃めて欲しいと願っているのだ、と。その阿弥陀を讃めるということが、名義に随順する。つまり、阿弥陀の名の意味に随う。こういう意味を持ってくる。

そして、如来の名を称して、如来の光明智相によって修行するというのは、如来の光明智相、つまり、破闇満願の用きの相に照らして、それと相応するという課題が修行と言われている。

如実修行という言葉は、天親菩薩の場合は菩薩の功徳です。如実修行とは、修行という言葉がついているけれども一如の行だと、曇鸞大師は註を加えています。行じて行ぜず、不行にして行ずる。自らそこに現れている。そこに何の無理強《じ》いというようなこともない。菩薩が本当に行ずる。本願力の不虚作住持《ふこさじゅうじ》功徳をうけて菩薩が用くということは何の無理もない。

曇鸞大師は不行にして行ずるという。本当に行ずることそれ自体になっている。やったらどうにか成るだろう、やらなければどう成るだろうか、そんなことに配慮してやっていると、不淳心、不一心、不相続心になっている。行ぜずにおれずして行ぜられているという、そういう在り方が如実修行であるのだ、と。

光明智相と相応し、名義と相応するという二つのテーマを天親菩薩は語っている。曇鸞の解釈は、智慧の相は、智慧の相で一応解釈しておいて、名義と相応するということと如実修行と相応するということと二つに読んだ。それによって、不如実修行ということは、問題は信心だとこう言われましたから、それを親鸞聖人は大変喜ばれた。

しかし、曇鸞大師は、名号を称えてもまだ無明はある。教えとして名号を称えよと言われているにもかかわらず、まだ光明智相が用かない。あえて、自分は不信心ものであるという問いを出して、そして何故かということを明らかにされた。そこに単に自分個人が名号を称えてもまだ救《たす》からないということではなくて、そのことは人間存在の問題として、如来が名号を誓っているけれども、その名号がまだ自分には本当に相応してこない。こういう問題を出されて、それは実は信心の問題だと。

その疑念が払われた時に、如実修行相応が成り立って、それが、「世尊我一心」という天親菩薩の信仰表白だと。「世尊我一心」ということが成り立つということが、この讃嘆門の意味だというふうに親鸞聖人は教えて下さった。

ですから、相応という言葉は、非常に広く、自力行として神秘的体験を求めていくような、そういう意味も孕んでいるし、さらには本願他力の教え、名号の教えと相応するということで、自分の中に本当に一心が成り立つ。信心が成り立つという課題も含んでいる。

十一、神秘体験批判

安田先生はいつも仏教の信心は神秘体験であってはならないということを言われた。宗教体験と言っても親鸞聖人が明らかにしようとされた本願名号の信心というものは、神秘体験をどこまでも批判する眼を持ち続けるという面がある。それはどこまでも疑問を通して、「しばらく疑問を至して、ついに明証を出《い》だす」と言われますが、どこまでも理性の疑い、言葉を本当に尋ね当てていくという作業なしに、真言密教のような神秘体験、そういうような方向に陥ってはならない、と。

本当に人間の主体を自覚的に明らかにする。煩悩生活の中に、決して特殊な行者が神秘体験を得て宗教体験を得たというのではなくて、日常生活のただ中で如来の名号をいただいて、日常生活を離れずして宗教体験が成り立つ。生活しながら、ひょっと神秘体験してしまうというようなものではない。だから、そこにどこまでも名義を、仏の名の意味を頂いていく、憶念していく、尋ねていくというところに、安田先生は、天親菩薩の思想の仕事、優婆提舎の仕事、論議と翻訳されますが、問いをもってそれを尋ねていく、その大切さがある。

「信巻」は問答の巻である。信仰自身を明らかにする。信心を獲得するという課題は行で済んでいる。「大行」が成り立つなら信心はそこにあるのだ。破闇満願の事実はそこにあるのだ。しかし、改めて「信巻」を起こすということは、その信仰自身がどこからどういう形で純粋に私の上に成り立つかということを、反省的に、神秘体験にしてしまうのではなくて、成り立っている信心の根拠を明らかにする。

本願との対話、本願を直接体験してしまうのではなくて、人間が煩悩具足の生活をしながら本願を頂く。そこに、憶念不断、いつでもいつでも相続し続ける問いを持って尋ねていく。何かそこに信心学舎とか、光明学舎とか言わずに、相応学舎と曽我先生が名付けたのは、やはり安田理深が論師だからではないか。論を通して思想的問いを通して信仰問題というものをどこまでも掘り下げていく。決して、わしは悟ったとか、俺は信心を得たぞとか、そんなところに止まらない。それは、宗教者であれば当たり前の話でしょう。その上で信仰に立って、普遍的に明らかにすべき問題を一つ一つ掘り下げていく。

親鸞聖人がなされた仕事を改めて、唯識関心というものをくぐりながら、もう一度訪ね当てようという願いが安田先生にかけられてあって、安田先生は、曽我先生の願いというものを本当に一代かけて、世界の思想と対話しようとし、世界の思想界と通底する問題を仏教の問題で探りあてようとして、本当に夜昼常に思索しておられた。

ああいう姿が、相応学舎という名前になっているし、また、相応学舎を一生愛された意味なのではないかと思います。仲野良俊さんがヨーガだと言うのは、一面そういう面もないわけではないでしょうが、あまりにも一面的だと思います。本当の安田先生の願いは、親鸞の信心、名号の信心というものに立った上で、唯識は信心の脚注だと。唯識で悟るという意味ではないのだと。

唯識は人間の意識というものをどこまでも学問的に解明している面がある。だから、瑜伽行で悟るという意味ではない。瑜伽行を通すことによって、いよいよ悟れない身、いよいよ煩悩深き身ということがはっきりしてくる。ありがたければいいというものではない。本当に人間の煩悩の深さを頂くことにおいての有難さというものがある。そういうことを一代かかって語りかけて下さったのではないかと思います。

大谷大学の学生には今でも誤解がある。これはやはり解けていない。安田は自力ではないかと。これは先生がおられたころからずっとある誤解です。本願他力と言ったら何もしないでいい。凡夫なのだから何もしないで救《たす》けていただくだけでいいのだという。救済の原理は、もう済んでいる。だから問いは要らないのだと。本願他力とはそういうものではないかと、そういう安売り信心みたいなものがはびこっている。宗門人にも学生にもある。

清沢先生が問題にしたのは、自分が本当に疑問を通して救かるか救からないかという、その道程を確認せよと。初めから救かっていると、それではすまないのではないかということを出された。にもかかわらず、初めから救かっているという。そういう人は迷う苦しみを知らない。信じられずに悩まざるを得ないという苦悩を初めから体験したことがない。だから、初めから救かっていると。本当は救かっていないのでしょう。そういう誤解が今でもあるのだなあと改めて感じました。

教義学として他力が出てしまうと、初めから他力で救かる。問題など問う必要がないと。おまかせすると言っても、そう簡単にまかせられないというのが自力の執心です。その自力の執心が何故降参しなければならないのかということを明らかにしなければならない。初めから降参せよ、降参すれば救かるのだと。それだけで救かっていくだけでは親鸞聖人のお仕事は要らないわけです。

何故、「信巻」のこのような面倒な問題をやるのか。それは曇鸞大師のこの問いを受けて、救からない人間を救けるためにどういうふうに考えていくかということを克明にやっておられる。

これはやはり、聞法であり、教学である。南無阿弥陀仏で救かるから称えればよい、ナンマンダ、ナンマンダと、これだけなら何も要らないわけです。

そこに安田先生が相応学舎という、ともすると誤解され、ここには何か瑜伽行者でもいるのか、相応というのだから何か超能力でも持っている人でもいるのかという誤解があるような名前で、一生歩まれた大切さがあると思います。

十二、相応学舎の継続

相応というのは、相応すべく本当に学ぶという、如実修行相応が成り立たない身において、成り立つということがどうして出来るかということを明らかにしている。時代の問題もあるし、社会の問題もあるし、人間実存の問題もある。そういう問題をくぐって信仰を頂いていく、そこに安田先生が苦労された面白さもあるし、有難さもあるのではないかと思うことです。

相応学舎は先生が亡くなられましてから、学舎に育った者は愛着があって何とか続けたいと皆言ったのです。私は、「冷たいようですが、先生が亡くなったら相応学舎は終りです」と奥様に申し上げて、「あきらめて下さい。誰も継げません。先生一代の相応学舎です。お寺ならば、虚《こ》仮《け》不《ふ》実《じつ》で続いていくこともあり、何とかなりますけど、相応学舎は、如実修行相応した人だけが引き受けられる。だから、相応学舎は誰も継げません」と言って奥様をあきらめさせようとしたのですが、奥様はあきらめられず、一年ほどして、私に話に来て下さいと言って、とうとう引っ張り出されて、相応学舎という名だけは続いている。

そんなことで私にとっては、有難く、なつかしい名前です。その願いは、名前が変わったとしても続いて欲しいと思いますが、こういうものは無理矢理続けるわけにはいきません。縁あって生じ、縁あって消えていくのがこの世の習いですから、学舎はなくなっても仕方ないと思います。しかし、願いだけは続いていくことを願っています。

第三回　僧伽について

一、相応学舎の雑誌『僧伽』

最近練馬の真宗会館から「サンガ」というパンフレットが出ています。この「サンガ」という言葉は、お釈迦様在世時代の原始教団、出家した男性と出家した女性を、比丘《びく》、比丘尼《びくに》と言いますが、比丘、比丘尼の共同体を「サンガ」（漢字で僧伽と音訳表記する）と言っていたようです。出家した仏弟子の仲間、教団をサンガという。

それに在家の男女、優婆塞《うばそく》、優婆夷《うばい》と言われていますが、これらを合わせた場合は、四衆という言い方をします。四衆ということで釈尊を取り巻く仏教者、聞法者《もんぼう》を総合していたようです。「僧」というのは、もともとは僧という一字ではなくして、僧伽と書いて出家の僧侶を総称する名前でした。それが中国・日本で、僧伽に属する一人の人間を僧というようになって、出家者の姿をして修行する人間を僧というふうに使われてきたのですが、もとへ帰せばそれは共同体の名なのです。

この「サンガ」という語を安田理深先生が改めて取り上げられた。ご自分が願いとした私塾である「相応学舎」、その相応学舎から雑誌が出た。それは安田先生が出したというよりも、寄り集う学生が自分たちで何か雑誌を出したいという願いを持った。

東京にあった浩々洞《こうこうどう》から、清沢満之先生を中心にして集まった学生たちが、雑誌を出したいということで出したのが『精神界』という雑誌でした。暁烏敏《あけがらすはや》さんが中心になって、装丁は中村不折《ふせつ》画伯にお願いして、随分思い切って、当時としては新鮮で内容の濃い雑誌を出した。『精神界』は学生が作った雑誌なのです。それが清沢先生の巻頭論文を中心にして、当時としては非常に新鮮な仏教の雑誌ということで、世に大きな影響を与えた。

安田先生を中心にした学生の共同体、昭和八年（一九三三年）頃から相応学舎の前身の会が出来たのですが、相応学舎という名前は、曽我量深先生が名付けて、安田先生が中心になって聞法する会が昭和十年から始まった。安田先生は昭和五十七年（一九八二年）に亡くなられるまで、五十年近くずっと学舎を続けられた。

第一号は終戦後に出たと思いますが、タブロイド判で折りたたみにして数ページの小さな新聞のような形で雑誌が出され、だんだん拡充して、第十七号まで続いております。学生が中心になって、先生の講義を筆録したものを主にして、当時寄った学生たちが自分達の思いを書くという雑誌だったようです。その雑誌の題が『僧伽』と名付けられて、漢字と横文字のローマナイズした梵語でサンガ（sangha）と書いてあったのです。古い言葉でもうほとんど忘れられていたこの言葉を安田先生が取り上げて、本当の和合共同体ということを願いとされた。そういうことから僧伽というような言葉が改めて最近目につくようになって来たと考えられます。

二、釈尊のもとでの教団と戒律

仏教の共同体ということを考えるについて、共同体を成り立たせている原理ということを思いますと、ドイツの社会学者が、ゲゼルシャフト（Geselschaft）とゲマインシャフト（Gemeinschaft）という概念を出していますが、ゲゼルシャフトというのは、人間が共同するについて、利益追求を動機にして共同体を持つ。共通の利益を中心として結合した社会、利益社会、圧力集団とか、政治集団、会社集団などがそうです。それに対して利害関係にかかわりなく、自然的に結合した社会、共同社会、生まれて育った家とか、村とか、人間として生活する中で言葉を同じくし、あるいは感情を同じくするというような人間らしい付き合いが成り立つ場所をゲマインシャフトという言葉を当てて、社会学的な分析をしていることがあるようです。

ゲマインシャフトというのは、人間がわざわざ作ろうというのではなくて、自然に一緒に住んでいる間に出来てきた、土地を中心にして町とか村とかという形で出来た共同体です。現代の人間関係ということを思いますと、ほとんどは、ゲゼルシャフト的な、あらわに利益が目的ではないにしても、大概利益追求がどこかで関係した共同体になっているのではないかと思います。

持って生まれてひとりでに成り立っていたような共同体はほとんど崩壊した。家庭といい、村落共同体といい、そういうものは現代社会では、一部近代文明が入っていない所では残っているかも知れませんが、近代の科学文明が入ることによって、共同体の在り方が大きく変えられているということがあるように思います。

仏教の教団の場合、釈尊は出家した順番に並ぶようにされた。どういう能力があるとか、どういう技能があるとか、どういう徳を持っているとか、どういう家柄の出であるとか、そういうことを一切全部ゼロにして、改めて仏教の前に出発し直すという意味で、いわゆるインド社会を根強く押さえているカースト制度、ヒンドゥー教の神々とともに人間の生まれ育ちが持って生まれて決められているような、そういう現代的な言い方で言えば差別構造を持った社会を根底から否定して、家を出る。家を出るという時に家族も捨てる。地位・名誉・生まれ育ちも捨てる。新しく名を持つ。釈尊によって名を持つ。新しい名を貫って、釈尊のもとで平等である。同時に修行する人間として遊行《ゆぎょう》する。所を定めずに旅をする。

人間関係の中に特定の上下、命令関係というものを作るのではなくて、まったく一個の風来坊のような人間として、人と対等の立場で出会いながら、一体、本当の人間とは何であるかということを自覚的に生きようとする。

無一物《むいちもつ》の人間同士として出遇《であ》うということをお釈迦様は実践しようとなさった。従って弟子方にも、原始仏典などにも出ておりますように、「一人して行け」、犀《さい》の角《つの》のように「一人して歩め」と。徒党を引き連れて、ぞろぞろ大名行列のように行くという、それだけで圧倒的な力を持ちますから、修行僧として、糞掃衣《ふんぞうえ》を着て一人して行く。「その姿で本当に対話が出来るか」と、こういう非常に厳しい形を弟子に要請された。従って、裸で歩むという点で平等であり、一人歩むという意味で独立である。そういう生活形態を取りながら釈尊のもとに教えを聞くという点で集まる場合は、三宝に帰依《きえ》することのみで僧伽の一員として認められる。

この場合、共同体を持ちますと、生きた釈尊が居られれば釈尊のもとに自分を磨く、自分が釈尊に教えを聞くということが成り立つわけですが、しかし、弟子が釈尊のもとで夏安居《げあんご》のように一緒に生活しているだけではなくて、一人して遊行するということになると、そこにいろいろな問題が起きて来る。そこでこういう態度で生きねばならないという方向性と、そのためにはこういうことをしてはならないというような定めとが必要になる。そこに共同体に「戒・律」というものが設けられた。

原始教団でも段々に出来ていったのだろうと思いますが、戒、律というものが、教団の中にいる人間を規定する。それを破った場合は教団から追放される。釈尊の弟子としての資格を失う。そういうことで教団の規律を守ったようです。従って、四衆の中の僧伽は出家集団（比丘・比丘尼）ですからその戒律というものは大変厳しい。

在家の場合には家を持ち、家族を持って生活をするということになりますから、厳しい戒律は守っていられませんので、在家者の場合にはかなりゆるい戒律が与えられる。僧伽を成立させる動機は、お釈迦様の教えを聞くということなのですが、それを規定する形は戒・律ということになるわけです。今でも日本に戒名というのがありますが、仏弟子の資格は戒名を貰うことだということになっているのは、戒を守るという約束のもとに仏弟子になる。戒がはじめから嫌なら弟子になれないということがあるわけです。

お釈迦様の教えに従えば、その戒は無理なものではないわけです。仏弟子として共同体を破る者、共同体の願いに背く者を止めようとするのが願いで、出来ないことをしろということを言っているわけではありません。

仏弟子になるからには戒を受ける。戒を守るという約束のもとに仏弟子の仲間に入るということであったようです。お釈迦様が亡くなられると、戒・律が守られているか、あるいは仏弟子の資格があるかという決定は誰がするか。お釈迦様しか本当は出来ないはずである。そういうことで、戒を本当に守るということが段々難しくなり、戒が形式的になっていったのであろうと思うのです。

三、本当の共同体を求める願心

三帰依《さんきえ》というのがありますが、三帰戒《さんきかい》と言われる場合もあります。仏法僧に帰依するということを以て、自分の精神的態度を保持する。そのことが戒の意味を持つ。もともとの戒の意味は、生活の中心を何に置くかという限定を自己自身に設けるというのが戒の意味です。

ただ難しいことをするという意味ではない。その生活の限定をどういうふうに持つかという時に、仏法僧に帰依する。それに背かない。これが一番中心の戒の意味になるわけです。それがずっと広く、出家、在家を問わず、一番根本の態度として伝えられたように思います。

仏法僧の僧はもともと、比丘、比丘尼ですから、原始仏教の出家集団ということになります。ところが、教えが段々哲学化したり、言葉がやたらに分析され煩瑣学になっていったり、出家者の特別な学問内容になっていく。

そういうものを、もとの釈尊の願いを本当に実現するという方向に立て直す。それが、龍樹菩薩が旗印を掲げた、空の思想によって一切の執われを破って、本当に自由な人間を回復するという大乗仏教運動である。

大乗仏教が興ることによって、在家の居士《こじ》と言われる信者が、本当に大乗の志願を荷うということになって、菩薩僧というような言葉が生み出されてきたようです。居士といって、家に居て修行する、修道する。維摩《ゆいま》居士のように出家せずに仏法を本当に実現していく。

釈尊の場合はインドに生まれたからには、どこの家に生まれたとか、どこのカーストに生まれたかということから抜けられない。家を持ち、友達を持ち、そこのカーストに所属している限りはどうにも動けない。そういうことで出家というのは絶対必要な条件、基本的な釈尊の比丘・比丘尼のサンガの場合には必要な問題であったのでしょう。それが優婆塞・優婆夷として在家の人々にも仏教が広まり、アショーカ王のように国王であって、仏教徒として仏教をインドに広めるような方が出てきて出家教団のみが仏教を伝えるということではなくなってきたわけです。

そういう中から本当の共同体を求める要求が出てきたのでしょう。『無量寿経』の法蔵願心《ほうぞうがんしん》が国を作るという要求の根にこういうことがあるのではないかと思います。

戒律を以て作る共同体ではない。もっと本当に共同出来る原理を探っていく。与えられた自然の限定で出来る共同体でもないし、単に人間の都合で我執の上に作り上げられた利害関係とか、名誉欲の関係とかという関係で出来る共同体ではない。本当の人間と人間の関係が成り立つ国を生み出そうとする原理が、法蔵発願というところにあるのではないかと思います。

つまり、法蔵願心が国を作るという時は、願心を原理とする。欲生我国《よくしょうがこく》と言っていますが、本当の根元的な欲求を原理とする国、そこに本当の共同体を生み出そうというのが、願心の共同体たる報土です。

四、本当の共同体とは

こういうことで、安田先生は「僧伽」という言葉に託して、生きた課題というものを持った共同体というものを呼び掛けたかったのではないかと思います。

如来が我が国に生まれよと呼び掛ける。本国、本当の故郷、故郷というのはさっきの言葉で言えば、ゲマインシャフトというような意味を持つのでしょうが、もっと本当に心を許して、本当に人間と人間が共同出来るような場所、一番根元に還《かえ》して、如来の願いのもとに還していったものが、第十二願、第十三願による国、光明無量、寿命無量という国、光が無限で、境界がない、どこまでも明るみの世界である。

これを曽我先生は、「公」ということで言っておられました。ヨーロッパのパブリックという言葉のニュアンスとはちょっと違う。パブリックというのは何か社会性という意味が強いようです。漢語から日本語にきた「公」というのは儒教的ニュアンスがある。儒教的ニュアンスの場合には国王のもとでの自分という場合に、「公」という意味を持つ。「私」というのは単に私個人であって、国のためとか、国王のためということになると、「公」という意味を持つ。そういう意味で「公」という言葉自身にも問題はあります。

聖徳太子などの時代の言葉で、「公」と書いてあると、国王（天皇）のもとでの「公」ということがでてきてしまいます。「公」を「おおきみ」とも読む。現在言う「公」という言葉とちょっと違います。

曽我先生がおっしゃりたいのは、結局、如来の智慧、一如平等《いちにょびょうどう》の智慧の前の存在でしょう。私達は、自分というものを意識する。その場合、私という言葉が主体的という意味よりも、私利私欲という言葉があり、私個人の私腹を肥やすとか、私性というものがどこかに闇を持っていて、人には見せない秘密を保持して、そこに自分を隠そうとする。

それに対して、一如平等の法性の前にはどんな生活をしていても、全部、閻魔大王の閻魔帳には悪事が全部記載されるというふうな形で教えられますように、私共の存在は、いくら私的に隠したつもりでもどこかで現われている。全然現われないというわけにはいかないのです。

差し当たって警察官に隠すとか、税務署に隠すとかは一応成り立っても、どこかにあるからには閻魔様の目には止まっているはずですから、そういう意味で言えば、本当の意味では、私というのはないわけです。

私共の妄念にあるだけです。妄念とか思い込みにはあるけれども存在の本質としては、そういうことは有り得ない。本来においてはどんなことをしていても、どこかに見え見えである。生まれて死んで行く命全体を見れば、皆、見え見えである。そういうような意味で、仏法の真理の前の平等性というのが、「公」という言葉で曽我先生が言おうとした意味だろうと思います。その「公」が、光が無限である国という、光の無限性を国土とするということの持っている意味だと思います。

寿命の無限性とは、永遠という言葉がヨーロッパの方にありますが、私共の流れていく一念一念の時間の変化というものによっては変わらないもの、また一念一念が持っている無限の意味が無量寿という言葉、本来の寿命《いのち》、本当の寿命という言葉で呼び掛けられている。

五、限定のある化身土を縁として

無量寿・無量光を国とするものが真仏土《しんぶつど》です。親鸞聖人は、仏土を真仏土と化身土《けしんど》とに分けられます。その真の仏土を根本原理として、それを要求するところに生まれてくる共同体であっても、私共の上に意識的に見えてくるのは化身土である。その化身土を批判して真仏土に還《かえ》していくというところに欲生という、生まれんと欲《おも》えという如来からの呼び掛けの言葉が我々の上に歩みをもたらしてくる。

欲生心《よくしょうしん》が成り立つ連帯というところに二重性があるように思います。私共の上にあって成り立つとすれば、化身土的な連帯しかない。本当の如来の世界というものを根本原理としながら私共がそれに立とうとすれば、どこかで化身土になる。

真仏土というものは本来は形がないもの、本当に形がないものの上に一応、無量寿・無量光という限定を設ける。しかし、無量光ということ自身が一つの限定ではあるけれども無限ですから、まったく無限定ではないけれども、無量寿・無量光という。どちらも無量という言葉で限りがないということをもって国とするのだという形ですから、形なき形といってもいいのです。まったく形がなくては国にならないけれども一応国という形を持ちながら、しかし無限定である。それを私共の上に意識的に求めるものとして呼び掛ければ、どうしても形あるところに執われますから、形あるものということになった時には化身土である。方便という意味を持った化身土である。

曽我先生が現世の教団、「真宗」という名を持った教団であっても現実の場所は化身土だという言い方をなさったことがあるのですが、私たちにおいて本来求めるべき真の共同体は真仏土であるということが言えますけれど、それは欲生心の根源に感じられる世界であるけれども、現に宿業《しゅくごう》を生きる私たちの上に感じられる共同体は、どこかで重い限定を持って来ざるを得ない。

有相《うそう》の形というものが、お経で語るなら物語的な形にとどまらないで、現実の歴史や、現実の人間関係をどうしても映してくる。しかし、それを単に理想化して形ないものに帰そうとしてもどこかで現実に逃れられないものを持つ。お釈迦様の場合、本来お釈迦様のあの自由な求道の精神からすれば、聞きたい者だけ来ればそれでいいということで済ませたはずだけれども、人が寄って来る所に共同生活を作ろうとすれば戒を設けざるを得ない。

戒というものは本来求道者《ぐどうしゃ》にとっていちいち限定すべきものではない。各々主体が自分に持てばいいものであるはずなのに、共同体として決めねばならないというのは、やはりそこに何か人間が共同するという時に止むを得ない問題が出るわけです。そういうことが具体的に歴史を持った、社会の約束ごとを持って生活する中に共同体が生まれると、どうしてもある意味の有相の形というものが出てくる。だから有相の形が悪いのではなくて、それを本来の欲生心の世界に還っていく縁にしていけば、十分の意味があると思われます。

六、独立者の共同体と欲生心という根本原理

僧伽《サンガ》という言葉は、安田先生が託した宗教的ロマンともいうべき共同体、菩提心の要求する共同体ということでしょう。独立者の共同体という言い方をしておられました。

仏法に立つということは各々本当の独立者になるということである。何者にも頼らない、何者をも利用しないという信念を主体的に確立する。そういうところに成り立つ共同体、求道心の共同体、菩提心が響き合う共同体、こういうことを安田先生は願いとし、自分でも自らに厳しく、あるべき宗教的要求で人間関係を生き抜こうという自己規制というものを持って居られたように思います。

ですから相応学舎に入るとか出るとか、そんなことは決めない。来たい者は来る、入る者は拒まず、去る者は追わずと自分でおっしゃっていました。

人間としては、入って来る人間に好き嫌いがあったり、あるいは途中で出ていってしまう人間は、どうも面白くなかったりということは、先生の感情になかったはずはないのでしょうけれども、決してそういうことを表に出されない。自由に出入りしていいという原則を徹底しておられました。釈尊で言えば提婆達多《だいばだった》みたいな役割をする人間が、安田先生の元にも居られました。

共同体の同質性を共同体と考えるような人間からすると、何であんな人間がというような人間が安田先生の下で、俺は門下だというような顔をしている。同質的共同体を作るのではない。菩提心の共同体ということは、本当に自分が自分になる。本当に自分が自分の存在の意味を自覚するということですから似た者になるという意味ではない。似た者同士が集まるという意味の共同体ではない。

皆、個性があっていい。だから独立者の共同体である。一人一人独立しつつお互いに菩提心に立って関係し合う。こういうことを願っておられました。

親鸞聖人は、「同一念仏、無別道故」という『論註』の言葉を引いておられますが、同じく念仏をして別の道が無い、念仏して生まれて往く世界だ。寺川俊昭先生が、『念仏の僧伽を求めて』という本を出されました。これは本当は大行の僧伽を言おうとされたのだろうと思うのですが、真の意味の浄土を国とするような要求によって本当に成り立つ共同体を求める。しかし、真の和合の共同体を明らかにするということから言うと、念仏という行為での共同体ということにはどこか怪しいものがある。

念仏の僧伽ということは、過去の例で言うと法然上人の教団がそうです。法然上人の教団というのは法然上人の教えのもとに皆念仏する。大声で念仏し、別時念仏《べつじねんぶつ》を設けたり、念仏一つの声を大きくし、節を付けたりして三昧《ざんまい》に入っていく。そういう形で集まる。木魚を叩きながら皆が一緒に同じ念仏をするということで何か共同体が出来るような思いに浸る。

これは、親鸞聖人があきらかにしようとした真仏土とはちょっと違うのではないか。「行」というものが持っている意味は、自分独自の力とか、自分の学問とか、自分の地位、能力、力とかで作るものではない。会社などはそうです。有能な経営者、金儲けの上手な経営者が、たとえば、松下幸之助さんのような方がある理念を持って人をよせる。こういうのはある意味の立派なゲゼルシャフト的共同体でしょうけれども、真の如来の世界を指向する共同体という時には、個人の能力や力に立って作る共同体ではない。

末法という時代、お釈迦様なき世に生まれた者の罪、仏陀なき世界に生まれた罪人に真の共同体が開けるかという時に、自分の能力、学問、説得力とかで作る共同体に幻想を持つということは、これは『無量寿経』で言えば諸仏の国土というようなものなのでしょう。

その諸仏の国に対して法蔵願心が、弥陀の本国を生み出したいという時には、自力無効ということを条件にする。個人の人間的特徴によって成り立つ世界ではない。

同一念仏という意味は、行として、如来が一如《いちにょ》にして用《はたら》く行として、念仏一つを選び取る。五劫《ごこう》思惟《しゆい》して念仏一つを選び取ろうということの意味は、個人の行への執着を破る。徹底して個人性を破るという意味が念仏にある。

その念仏をもって形にするとなると、念仏の魂は南無ですから、それを発音とか一緒に声を出すとかという形に執われると、親鸞聖人が、「南無というのは勅命だ」とおっしゃいましたが、如来の願心の呼び掛けというものが、何か有形の形に転化されてしまう。

勿論、「同一念仏、無別道故」なのですけれども、原理として念仏を建てるのではなくて、念仏は平等の行であるが、その原理は如来の願心の呼び掛け、如来の願心の呼び掛けというのは形なきものですから、それぞれの魂に響くものですから、形なきものにおいて本当の共同の原理を頂く。

安田先生の場合ですと、先生の周りにあまり大きな声で念仏する人はいなかった。別に発音することが悪いわけでも何でもないのですが、別にそんなことをする必要がない程、行が充実している。

行がなかったわけではない。念仏がなければ成り立たないのですが、何もそれを大きな声で称える形を取る必要がない。何かそんな雰囲気がありました。ご承知のように、安田先生は、『名は単に名にあらず』とか、『言の教学』とか南無阿弥陀仏ということで、教学を建てようと考えておられて、それを頂いておられるわけですから、念仏は根本原理なのですが、その根本原理を表に出すのではなくして、根本原理の魂は欲生心である。欲生心を常に頂いていく、欲生心を本当に明らかにしていく共同体です。教学は僧伽の実践であるということをおっしゃっていましたが、聞法するということは、本当の共同体を明らかにしていくことである。

七、安田先生の願い

本当の個人が明らかになるということは、同時にそれが人類的課題が明らかになるということである。単に何人かが集まった共同体ではなく、人類の共同体だ。人類に献げる共同体だ。私たちは一人一人資格無くしてそれに召される。資格があって入るというのは自分の徳とか、地位とか、金、財産のような資格を持っているのが、この世の共同体ですが、如来の世界に入るについては私たちには資格がない。資格がないにもかかわらず、如来から呼ばれる。

そういう関係で関わるのが僧伽である。人間が作るものではなく人間が賜るものである。召されるという言葉は、キリスト教的なニュアンスがありますが、僧伽に呼ばれるのだ。本願によって僧伽に呼ばれるのだと、安田先生はおっしゃっておられました。

呼ばれる形が念仏ですけれども、念仏を形にして共同しようとすると、やはり化身土になるのではないか。化身土を批判して真仏土に還る方向をどこかで失ってしまう。一緒に大きな声で称えていい気持ちになるというようなことになると、どこかに激しく称えているようだけれども根本原理が失われていく。

個人的体験とか、その人が何万回念仏を行じたかとか、数で評価したり、あるいは何年間勤めたかという年功で評価したり、そういう形に執われてくるのではないか。

本当に内なる欲生心、これはいつも念々に新しく、念々にどこまでも響いていく。こういうことを原理にして本当の共同体を生み出して行きたいというのが、僧伽という言葉に託した意味だったのではないかと思います。

そういう意味からすると、教団を守ろうという関心では、本当は僧伽ということは言えない。僧伽に奉仕する、僧伽に献げるべきものであって、僧伽を作るという、寄って来いという感じで僧伽という言葉を利用してしまうと、それは宗派我を正当化するということになる。

欲生心に立つということは、ある意味で非常に厳しく、宗派我というものを破って、本当の聞法関心を開いていくということです。どうしても人間として生きると、与えられたゲマインシャフトに対する執着がある。どうしても温もりを持った共同体みたいなものを妄想で持ちます。

実際そこに入って見ると何かがあるわけではない。お互いに厳しい人間関係があるだけなのですが、そこに何か妄念を持つ。他所よりはちょっとは気が楽だという相対的な暖かさを持つ場所みたいなものを聞法共同体と錯覚する。そういうのは本当の共同体ではない。

安田先生が、独立者ということを付けられる意味は、独立者という時にある意味で、本当に釈尊で言えば全部を捨てて立ち上がったという、あらゆる人間的条件を全部否定して、一個の人間として立ち上がった。

こういうことによって成り立つ共同体とは一体何であるか。こういう厳しさがありますから、どうしても宗派という立場になると、ぬくぬくとした約束事の上にお互いに虚偽の信頼関係に浸っておれるということがあります。そういうものをどうしても脱却出来ない。人間である限り、そういう甘さというか、そういう温もりみたいなものが、どこかで、頼りになると思うものです。独立者になれない。何か依頼したり、利用したり出来る関係として共同体に所属する。これだったら世間の共同体とまったく同じことになる。世間の共同体とはまったく異質な共同体が果たして可能か。

これは人間の中には本当は出来ない。したがって、化身土と批判されるべき面はどうしてもあるのですが、しかし、願いとしてはどこまでも一人一人が本当に欲生心を頂く、こういうことに立って、独立者の共同体というものを願いとする。これが僧伽ということを名告《なの》る態度になるのではないかと思います。

八、安田先生の共同体

私は始めの頃、安田先生を取り巻く人たちの仲間というものが随分冷たいなあという想いを持ったことがありました。何でこんなに冷たいのか。一緒になってぬくぬくとして肩をたたき合うようなことがない。皆、傲然《ごうぜん》としているように見えた。

それは傲然としていたのではない、安田先生の姿勢が、誰にも依頼や依存をしないという姿勢でずっと貫いて来ておられるから、その教えに触れた方々の態度というものが、真似するわけではないけれど、どこかでやはり、新米で入ると冷たく見えた。

冷たいわけではない、欲生心の共同体ですから、欲生心の信頼関係がある。利用できるから信頼するとかという信頼関係ではない。冷たいとか暖かいとかいう言葉よりもっと根本的な信頼感を成り立たせる共同体があるものだということを思わされました。

本当の一番深みにある主体の問題に絡まない表のところで付き合うというのは虚偽ですし、嘘八百なのですが、何かそこに温もりがある。そこだけに留まっているなら、それは仏法ではない。化身土ですらない。単なる世俗的共同体である。化身土というのは広い意味の報土で、如来願心の浄土の内にあるわけですから、化身土はどこまでも方便として方向性を持っている。欲生心の歩みを持っている。それを失ったらまったく教団の意味を喪失する。こういう意味で、願いとして僧伽という言葉を使うということは、安田先生の願いに帰れば随分厳しい吟味が必要になるのではないかと思います。

第四回　無窓について

一、安田先生の号「無窓」

今回は、「無窓《むそう》」という先生の号について考えたいと思います。この号をいつ頃からお使いになられたのかということはちょっとわかりませんが、一九一四年十四歳の頃、「夢草」と自ら名乗っていて、後に自分が若い頃、「夢草」と名乗ったと言っている。十六歳の頃には、鳥取の曹洞宗の寺院で受戒して慈徳良圓《じとくりょうえん》という名をいただいておられる。

ご自分の号に無という字をつけたのも、いかにも禅宗の僧侶の好みに合います。無窓という発音からすると、鎌倉時代に、夢窓疎石《むそうそせき》という大変立派な、鎌倉の円覚寺を建てた禅僧がおられます。無の字が違いますが、そんなことで、自分の号として若い頃から使っておられますので、ひょっとしたらそういう縁があったのかもしれないなと思っております。

だいたい号を使うというのは、文人とか墨客がよく使いますし、曽我先生も文筆活動をしておられた若い時代に、号を用いられたことがあります。明治時代には、文を書くについて号を持つということが流行って、一般的だったのでしょう。そんなこともあって先生は号を持たれた。その号を生涯使われて、必ずと言っていいほど無窓の印を、揮毫《きごう》された時には押しておられます。ですから、「無窓」は先生の愛された号だったと言えると思います。先生が亡くなられてからは先生を記念したご命日、毎年二月十九日には相応学舎で無窓忌が勤まります。

二、ライプニッツの『モナドロギー』

そんなことで、無窓というお名前について憶念してみると、窓が無いという言葉は、先生から何回かお聞きしたことがあります。号についてはどういう意味かということは先生からお聞きしたことはないのですが、窓が無いということについては、お話になったことがあります。一六〇〇年代に活躍したドイツの哲学者でライプニッツという人がいます。ライプニッツの有名な著作に『モナドロギー』というのがありまして、安田先生は時折『モナドロギー』に言及なさった。ライプニッツという人は、物理学、数学、法律学、外交官などもして、大変な天才で多方面に渡って十七世紀のヨーロッパに大きな影響を与えた人なのですが、その人が哲学の書として『モナドロギー』という著書を書いた。非常に小さな本です。ヨーロッパの哲学書には大変大きな著書がある。カントにしてもヘーゲルにしても大きな著作があるのですが、ライプニッツの『モナドロギー』は非常に小さい。

安田先生は本当に完成した思想というものはああいうものだという例えとして『モナドロギー』ということを言っておられたことがありました。本当に完成した思想は、ライプニッツの『モナドロギー』のようなものだと。その『モナドロギー』のモナドというのは日本語に翻訳して単子と言われています。安田先生が言及される時は唯識の「阿頼耶識《あらやしき》」と関連してモナドということをおっしゃる。ライプニッツのモナドは、人間存在というものが一人一人全宇宙を持っている。

単子というのは、物理学でいう原子とか、分子とかいうような物質の一番小さい因子という意味ではなくて、哲学的な概念なのです。分割して、質量があったり、面積があったり、体積があったりする、そういうものを言うのではなくて、存在を確保するような、一切の存在が持っているような因子をモナドと名付けた。

このモナドという考え方は、ヨーロッパでは古い伝統があって、ギリシャ哲学以来モナドということは言われてきています。そういうものを受けて、ライプニッツがモナドということで世界全体を考えようとした。

三、窓の無いモナドと唯識説

世界にはたくさんのモナドがあるけれどもそのモナドは、一つ一つが全世界を持っていて、それは予定調和している。その考えは非常に阿頼耶識に似ている。阿頼耶識は無数にある。その無数にある阿頼耶識一つ一つが、全人類の可能性を孕《はら》んでいて、一切の種子《しゅうじ》を持っているということが言われている。人間にとってのあらゆる存在は、人間が経験しうる意識の内容ですから、人間が経験しうる一切の意識内容は、一人において完全円満している。完全円満した因子を持った存在が無数にある。

安田先生は阿頼耶識ということを考える時に、ヨーロッパの哲学者であるライプニッツの『モナドロギー』と相呼応するものを感じられたのであろうと思います。ただし、ライプニッツの『モナドロギー』は、窓の無いモナドという性格を持っている。窓がないということは唯識の方で言うと本有《ほんぬ》種子という考え方です。一切の経験の可能根拠というものを本来すでに持っている。そういう考え方に対して、唯識の種子、経験の可能性というものは、経験してきた結果、蓄えられているものである。熏習《くんじゅう》されたものが種子であるというのが唯識の考え方である。その場合に熏習と種子、経験してきたということが作り上げた経験の可能性、ここに種子と熏習という二つの概念があるわけですが、熏習というのは経験をしたということによって、することが出来たということが経験の可能性というものを蓄える。経験できるという可能性は既に経験したということが蓄えている力である。

生物学的な表現で言えば、人類が人類になるまでに何億年という命の営みの中で、どういうふうに生きてきたかわからないけれども、遺伝子が命というものを相続するについて大変複雑な情報を引き受けて、次の命に伝えて行く。伝えて行くことの可能性は実は、経験してきた命の営みの中で得た情報処理能力である、それを蓄えて遺伝子が次の世代にまた伝えられる。

そういうような形で既に経験した結果が可能性として蓄えられる。私が音を聞くということが出来るのは先祖伝来、音を聞いてきた歴史が、今ここに能力として音を聞く力を私に授けてくれている。私が色を見るという能力も私が作ったわけではない。生命が始まって以来の色を感覚してきた歴史が、私の今、色を見る力を蓄えてきたのだという考え方です。経験した結果が経験する能力というものになる。

新しい経験をするということを新熏《しんくん》という言い方をして、それに対して、それによって与えられている可能性、経験しうる力を種子と言う。そこに二つの立場というものが出て、人間の可能性というものは本来全部与えられている、運命論的な可能根拠、既に全部与えられて生きているのだという考え方、これを本有《ほんぬ》説と言います。それに対して経験の可能性というものは新しく経験することによって生まれるというのが新熏説です。

唯本有説と唯新熏説、この二つの立場が唯識の中に現れてきて論争をする。どっちに立つのか。そういう大きな二つの立場があるのですが、どっちでも説明が出来る。

つまり、卵が先か、鶏が先かみたいなものです。どっちにももっともなところがある。ところが、『成《じょう》唯識論』の翻訳者である玄奘《げんじょう》三蔵の大事にした護法《ごほう》という人の説は、唯本有説でもないし、唯新熏説でもない。本有と新熏の両面を認める説を出したのです。どういう意味かと言うと、どっちも種子というものを実体化して捉えている。固定したものとして考えるからどっちかということになる。我々の経験に即して事実を押さえれば、種子というけれど種子が既に実体としてあるのではない。種子ということは経験することによって種子があったということがはっきりする。経験しないのに種子があるかないかというのは観念論であって、経験してみたら経験できるという可能性があったということがはっきりする。

だから、本来有ったというのは新しく経験したことによって証明される。経験されなければ本来有ることも無いこともわからない。本来無ければ新しい経験ということが成り立つ根拠がない。だから唯本有説でもないし、唯新熏説でもない。熏習と種子というものは交互に証明するのだ。経験に即して事実を押さえれば熏習と種子とは交互に証明するということであって唯本有説でもないし、唯新熏説でもない。

そのことが一番明らかになるのは仏法の可能性、凡夫がどうして仏法を聞けるかという時に、唯本有説だったら本来悟りの可能性を持っている。それなら、どうして放っておいてすぐに悟りが開けないのか。これは『安楽集』が出している問いです。『安楽集』で道綽《どうしゃく》禅師が出している問い、それを法然上人が、『選択《せんじゃく》本願念仏集』の最初に取りあげてくるのです。『涅槃経』では、「一切衆生悉有仏性《しつうぶっしょう》」と言っている。それなのに何故、我々はいかに求めても仏法が体得出来ないのか。本来仏性があると言いながら一向に仏性がはっきりしないのはどうしてか。そういう問いから『選択本願念仏集』というものを説き起こしている。

本来というような本質性では、いつも迷っている自己というものは解決しない。そこに浄土の教えというものが決して観念論では解決できない具体的な苦悩の群生《ぐんじょう》に呼びかける如来の教えとして意味を持つ。これが法然上人の道綽禅師から取り出してきた最初の問題なのです。

　そういうことからもわかりますように護法という人の思想は、単に経験説でもない、単に本質論でもない。経験と本質とが交互に証明する、そういう独創的な唯識説です。それによって、聞《もん》熏習《くんじゅう》、つまり、本当は凡夫にはわかるはずがない、にもかかわらず仏法の話を聞いていくと、仏教の言葉というものは本来悟った人の言葉ですから悟った人の言葉が迷いの世界に呼びかけてくる。本当は凡夫というものは無始以来迷って来ているのですから、悟りの種子があるはずはない。無漏《むろ》の種子をもっていないのが凡夫である、にもかかわらず聞熏習によって、「ああ、そうか」というものが開ける。それは聞法経験したことが仏法の体験となる。これはどうしてか、というと、実は無漏の種子がなかったわけではない。聞熏習によって無漏の種子というものが本当の意味で目を覚ます。だから唯本有説でもないし、唯新熏説でもない。

四、悟りの根拠

　しかし、迷いの意識である阿頼耶識自身は無始以来迷ってきている。ではどういう形で無漏の種子というのが阿頼耶識の種子と成り得るのか。こういう時に玄奘三蔵は困った。普通には阿頼耶識は一切経験の依り処、依止《えじ》である。一切の経験がそこから生まれ、そこに帰するような依り処、そういう経験の可能性を執持《しゅうじ》する。一切の経験を保っているような主体、それを阿陀那（アーダーナ）と呼ぶ。しかし、悟りの可能性だけは保っていなければいけない、悟りを保っていなければいけない。迷ってきているのですから。ではどういうわけで悟る根拠というものを保ち得ると言えるのかという時に、阿頼耶識は法性《ほっしょう》、あるいは真如の依止とは成り得ない。それを玄奘三蔵は苦労して依止ではなくて依附《えふ》だと訳出した。どれだけ迷っていても、迷っている意識構造の本来性としては迷いを超えている。我々はどれだけ苦しんで迷っていても、迷っていたら悟りはないのかと言ったらそうではない。どれだけ迷っていても、如来の智眼から見れば、本来は一如《いちにょ》である。

本来の一如を我々が意識の中で間違って捉えている。本来というものがないわけではない、存在の本来を生きていながら我々はそれを間違って把握する。我々が間違って把握する構造自体の根拠である阿頼耶識からすれば、一如あるいは悟りを種子として持つことは出来ない。しかし本来性として持っているのだ。そういう意味で依附というのだ、という言い方を安田先生はしておられました。

そういうふうに了解したということは安田先生にとって大変うれしい発見だったようで、それまで唯識をいろいろ考えて来られて、阿頼耶識にとって、存在の本来性はどういう形で依止と成り得るか、その問題をライプニッツのように考えていたならば、大変楽観的に放っておけば悟れるみたいな感じです。

五、窓のあるモナドと親鸞思想

ところが親鸞の思想からすると放っておいたら永遠に浮かぶ瀬はない。もし如来の二種回向《えこう》に遇《あ》うことがないならば流転輪廻は際《きわ》もないと親鸞は言う。だから放っておいて予定調和であるようなことは親鸞の思想からは出てこない。

法然上人も『安楽集』を用いて浄土の教えを通さないなら、自分は悟れないとおっしゃるのだけれども、法然上人の三心釈では念仏に触れさえすれば内外が調和する。ところが親鸞聖人へくると内外は永遠に調和しない。つまり、悟りの世界と迷っている自分の内なる愚かなる存在は永遠に一致しない。永遠に一致しないという機《き》の深信《じんしん》のところに、実は大悲に包まれてある自覚というものがはっきりする。

こういう親鸞の思想に立ってみると、ライプニッツの思想の窓が無いということは問題がある。窓のあるモナドでなければならない。阿頼耶識は窓のあるモナドだと、安田理深先生はおっしゃったのです。

経験というものを無視して可能性全部は宿業《しゅくごう》として与えられているという考え方をすると単なる運命論です。人間の境遇なり存在のあり方なりは運命的に与えられている。一切の経験の可能性は全部運命的に与えられているという考えになってしまう。そうではない。経験するということとを通して人間は影響を受ける。一瞬一瞬の経験を通して人間は変わって行く。決定論ではない。護法が考えたように、可能性が決定されているのではない、可能性というのは経験することによって証明される。

経験は念々に新しい。新しいものに出遇うことによって本来の自分というものがますます本来の自分として自覚されてくる。どういうものに出遇うかは前もって決められない。出遇うことによって初めて自分とはこうだったのだということがはっきりしてくる。そういうものが実存の事実ではないか。だから阿頼耶識というのは窓のあるモナドだということをおっしゃった。

六、先生の生き方と「無窓」

そうしてみると、窓があるというのですから、阿頼耶識を了解した立場からすれば有窓と名付けるべきところなのでしょうけれども、先生は無窓と名乗られた。表面的に取れば先生自身は社交を好まれず、一人、若い頃は阿羅漢と名付けられるほど頑固に、求道心一筋、菩提心一途に生きようとなさって、親戚とも音信不通、三十五歳までは女性とも一切関係を持たない。もちろん日記を観ると恋愛はしておられます。若い男として観念論的恋愛はしておられますけれども、直接女性とぶつかり合うような関係は持っておられない。禅の求道をなさった痕跡というものがあって、非常に孤独を愛され、孤立的な面が強い。一人でじっと生きることに耐えて、付和雷同的に友を求めるようなことはされない。

もちろん、菩提心によって師が与えられ、友が与えられる、それを拒むことはないのですが、決して先生は一生涯、いわゆる世俗的関心で人と交わる、そういう心に妥協することをされなかった。あたかも聖道門《しょうどうもん》の行者のような一面があったのです。そういう点で閉鎖的人間というような自覚を、本当に公開された広い存在、一切の経験を受けて自由に縁のままに生きていくような宿業存在を受け、先生自身はそれを本来の命として感じながら、自分の受けた宿業において閉鎖的人間であるという痛みを、窓が無いのだというように表現しておられるとも了解することは出来る。つまり、愚かな人間であるという意味、頑固であって閉鎖的であるという意味で無窓を名乗っておられるのかというふうにも一応は考えられる。

先生自身の号に対する意味付けを聞いたことがありませんので本当のところはわからないのですが、先生があれだけ愛着されて使っておられた名乗りとして拝察するなら、本来は窓が有る存在である、本来は窓が有るにもかかわらず、窓を閉ざすが如き在り方でしか生きられないという、非社交的だというよりも、もっと深く宗教的自覚として、本来如来の声によって開かれ、仏の光によって明るくなって生きる、そういうあり方に対してどこかで如来の音に耳を塞《ふさ》ぎ、如来の光に目を閉ざすようなあり方をする凡夫の自覚として、無窓という名乗りを敢えて持ち続けられた。そんなふうにも考えられます。

本当のところはわからない。聞けば自分はこういう意味で名乗っているのだということを言われたかと思うのですが、これも今言ったようなデリケートな問題がありますから、何処まで冗談を抜きにして応えて下さるかということは、本当はわからないのです。先生の「理深」という名は、曽我先生からいただいたと聞いております。無窓の謂《いわ》れについては聞いたことがありません。恐らく先生自身で名乗られたのでしょう。近くはライプニッツの『モナドロギー』から来ているということと、同時に阿頼耶識の本来からすれば窓が有るべきだということ。

私どもの経験の事実としても経験されたことによって確かに大きな影響を受けますから、影響と関係なく、本来あるのだということはありえない。経験によって本来の自分ではないほど変えられる。それは運命と出遇い、人と出遇い、教えと出遇い、教育など色々なことで、本来の自分と言っても無いようなもので、自分とは何かと言えば受けてきた歴史が自分である。自分が経てきた経験の蓄積が自分である。経験の蓄積ということは出遇ってきた命の歴史ですから、命の歴史が自分である。それだけ変わって来た。また、現にどういうふうに出遇っていくか、変わって行くかということは念々にわからない。しかし、何処かでどれだけ変わっても変わらないようなものとして自分を感ずるところがある。そういう人間のあり方、これはライプニッツ流に言えばモナドなのでしょうけれども、モナド的あり方を唯識では阿頼耶識と言う。

阿頼耶的主体というものは、それを曽我先生が法蔵菩薩と押さえられたような、宿業を担いながら、その宿業を本当に解放するような志願を持っている。阿頼耶自体は無漏とか法性という根拠を持っていないのですから、持っていないものに本来の法性を回復せんとする志願である法蔵菩薩の名を付けるということは、本当は矛盾している。それを曽我先生は、「法蔵菩薩は阿頼耶識だ」と。

阿頼耶識は迷妄に閉鎖された主体であるが、一切の経験を引き受けて、その宿業重き身を担って解放しようとする志願が立ち上がる、それが阿頼耶識に起こる事実である。つまり、阿頼耶識の中に阿頼耶識を超えたようなものが発起する。その因である志願を見出して、それを法蔵菩薩と名付ける。

宗教心自身と人間の経験構造とをぶつけ合わせながら、そういう意味で経験の可能性を窓と表現した場合に、窓が無いという表現は一面で自己自身の痛み、親鸞聖人の和讃で言えば、「浄土真宗に帰すれども、真実の心はありがたし」という痛み、懺悔《さんげ》を伴った名乗りという意味を持ってくるのではないかとも思います。先生が「無窓」を一生、号として愛されたということの持っている意味はなかなか深いものがあるのではないかと思って、頂いております。

第五回　存在の故郷

一、逆縁としてのオウム事件

本年（一九九五年）は、なかなか大変な一年でしたけれども、どうやら暮れを迎えることができました。阪神大震災と宗教問題に明け暮れました。一つの閉鎖的な教団が、毒ガスとか、武力をもって、社会の権力構造を一気に突き崩そうという発想で、着々と準備を整えていた。そしてサリン事件ということが行われた。

宗教が、現世の虚偽、この世の営みを突き崩して真理を開くということを言うのですが、この教団は、生存か死かということを文字通り物理的に突きつけて、恐怖感と終末的な概念を持ち込んで、強制的に宗教的理想状況が作れるような錯覚を振りまいた。

近年の日本社会は、宗教に対して、脱宗教、あるいは非宗教的人間が主流となり、理性的存在として、経済活動あるいは物質文明中心の社会で何とか努力していけば、一応なんとかなるだろうと感じてきた。理想社会ができるだろうという幻想は、ほとんどマルキシズムの行き詰まりにおいて破れてしまいましたけれども、合理性のみで人間は何とかやっていけるということが、二十世紀後半の戦後社会を作ってきた人々や、マスコミを中心とした有識者たちの圧倒的な意見だったのではないかと思います。

宗教というと、特殊な、閉鎖的共同体にのみ関係することだというイメージが強くて、関わるとすれば、人の死の場合のみに限定する。死して後を平安にするため、あるいは、たたりとかの恐怖を取り除くためにだけ関わる。要らないとは言わないが、生きている間は積極的には関わらないというのが圧倒的な日本人の考え方だったと思います。

そういう社会的風潮の中に育てられてきた若い人たちは、現代の物質文明だけでは自分の存在の意味が見出せない。そういうことから、とにかく縁のあった新々宗教に引きずり込まれていく。宗教であるのか、宗教でないのかということが分からないままに、何か目的を与えてくれる、この世的でないような価値を持っている教えに引かれていく。

そういう現象が、オウム真理教のみならずいろいろな形で起こって来つつあった。その傾向が、オウム事件から一挙に圧倒的な力で噴出してきて、既成教団はそれに対して、どういうふうに現代の問題を捉えるべきかということに対してほとんど対応するすべを持てない。倫理的な形において批判はするけれども、現代状況の中でそういうものが出てくる思想的必然性というものとまったく無関係になり、時代の感覚を忘れているので、本当の意味で積極的に発言できない。時代の宗教状況や若い人たちの精神的な葛藤の問題を本当に掴んでいないという感が残ります。

事件としては大変な事件で、多くの方々の犠牲があったのですが、それをきっかけとして、ようやく日本人に、宗教というものは放っておいてはいけないもの、大事なものだという感覚が与えられたということで、逆縁として一九九五年という年は大事な年になるような気がします。

二、「存在の故郷」と真の「他力の救済」

今年度は、この会の世話人代表の川江登さんから、安田先生の「故郷」というテーマをいただきました。浄土の教えを安田先生が「存在の故郷」という言葉で考えていこうとなさった。その元には、善導大師の「帰去来」という言葉がある。五世紀の中国の詩人陶淵明《とうえんめい》が辺境の地から故郷の人たちの集いを念じて「帰去来」と言っている。それを善導大師は「願生《がんしょう》」という言葉の意味として使っている。「帰去来《いざいなん》、他郷《たきょう》には停《とど》まるべからず」（『真宗聖典』三五五頁）とか「帰去来、魔郷には停まるべからず」（同二八四頁）と言って、我々が今居る場所である現世（穢土《えど》）を善導大師は、他郷とか魔郷と言っています。

本来の自分の場所ではない。「魔郷」ということは、誘惑や不安、あるいは罪悪というような、人間を苦しめ、歪《ゆが》め、人間の心安らぐ生活を奪うような場所だということです。「他郷」とは、本来的なあり方からさまよい出て本来に帰れない。現に今生きているあり方が、自分自身の場でないという感覚を他郷と言っています。そこに留まってはならない。それに対して、阿弥陀の国を本国と言っています。それを一つの手掛かりとして、浄土教の「願生」の教えを、存在の故郷を要求する心が持っている意味として考察していかれた。

先生は、唯識という学問を、忘れることなく考察され、また一方では常に天親《てんじん》菩薩の『浄土論』

（『願生偈《がんしょうげ》』）を相応学舎や、先生に縁があった方からの要請に応じて講義していかれた。その『願生偈』の「願生」の意味を、存在の故郷という言葉で思想として明らかにしようとなさった。一般的には、「お浄土を願う」という感情的な要求、今の世界よりもっと良い世界へ生まれ直していくという理解、親鸞聖人以降また、逆転して、死後そこへ生まれていく教えとして庶民に布教されてきた。「後生の一大事」の「後生」が、文字通りの死後の後生として、浄土真宗の名の下に伝えられている。

ところが、清沢先生の『他力の救済』で明らかに語っておられるように、死後のことはまだ経験していないから分からないが、今ここに現に、如来を信じるという信念において平安と安楽をいただいている。この苦悩の命を生きながら、しかも、信念に立つところに如来の光明の用《はたら》き、あるいは大悲の願の用きを頂いて、あたかも浄土にいるがごとき喜びを感じることができる。こう清沢先生は積極的に「他力の救済」を表現された。

それまでの江戸教学では、まったく現生では助からないで死後、自分の力では助からないで自己の外の他力、及び他界という概念で浄土教の救いが教えられてきた。

たしかに宗教的信念の表現の内容は、現世的関心で浄土があるかないか、と言っても意味がないとはっきりと押さえている。しかし、他界、死後、他力と教えられると、教えられたままに文字通り、実体的なものを考える。その考え方の誤りを正してしかも、本願力の信念内容を明らかにするというところに、清沢先生や曽我先生の大変なご苦労があった。現に大きな教団の古い体質の教学というものが、壁のごとく立ちはだかる前で、親鸞が明らかにした真の「他力の救済」ということを明らかにしようとされた。

三、帰るべき存在の故郷

そういう課題を受けて、安田先生が「存在の故郷」というテーマで浄土の問題をときほどいて行くわけです。先生の十三回忌の折りに編集いたしました『親鸞の世界観』（草光舎）にその問題がまとめられています。

人間存在において故郷というものは、どうでもいいものではない。故郷という言葉が訴える響き、故郷に帰りたいと唐の詩人が叫んだような要求というものは、我々に強く響く。何かの仕事で、あるいは兵役で、長年故郷を離れて生活しなければならないというときの、故郷への望郷の思い。安田先生は、こういう言葉を通して、人間存在にとっての宗教問題とは何であるかという、根本問題を考えておられる。宗教問題は人間が人間の存在の故郷に帰りたいという要求なのである、と。その場合の故郷は、安田先生は人間の理性的な考え方や、この世的要求を正当化するような、人間主義（ヒューマニズム）的関心での故郷ではないと言われます。

仏教が人間を見る見方は、根本的に衆生は迷いを生きているという理解がありますから、人間をこのままで正しいとして、その上で人間の幸せとか、人間の解決を願う、そういう考え方ならば、仏教にはならない。この世の課題をこの世的に解決しようとすることであるなら、広くそういう関心を、人間主義的関心と押さえた。仏教は人間を迷妄と見ますから、迷いを覚ますとはどういうことか。これは神秘的直感、三昧の体験、臨終体験、臨死体験などでは決してない。

人間存在が本当にそこに帰らなければならないという課題、人間主義的関心に埋没している限りは、苦悩の実存を超えることができない。人間はどれだけ理性的であると言ってみても、根元的に自然から離れることができない。自然から与えられている命の営み、大きく人間を包む自然環境をいただいて、人間存在が成り立っている。それは人間の理性より根元的である。

宗教問題は、親鸞聖人の「自然《じねん》の浄土」、仏教の根本的な概念で言えば法性《ほっしょう》、一如《いちにょ》、真如の問題、『教行信証』で言うなら真実証の内容です。普通「人間と自然」と言ったときの自然は、人間が理解する自然ですが、親鸞が言う自然《じねん》は、人間が体験することもできないし、見ることもできない根本性、本来性です。人間として生きるという形では、自然が分からない、本当の自然が失われている。さらに言えば、現代的人間は故郷を喪失している。自然を喪失している。むしろ自然を破壊している。本来の自然が与えられているにも関わらず、我々はそれを忘れている。

人間が本当の自然を取り戻すという課題において、感情よりももっと根元的な、人間存在が持っている課題として、「願生」を存在の故郷への要求として明らかにしようとした。安田先生の未発表の原稿に、存在の故郷ということについて先生の独特の思索が展開されているものがありました（『親鸞の世界観』「浄土の存在論的意味」）。浄土ということを存在の本来性という言葉で考えている。人間存在にとっての故郷という言葉になっています。人間存在の意味を問う時に、意味を問うというところに宗教関心ということが出てくる。

人間の定義を求めるのではなくて、人間が本来の存在となることである。法性とは本来の存在である。それとなってそれを知るような存在の本来性という意味です。仏典には「法性の城《みやこ》」と言われている。存在そのものが人間のまだ見ぬ故郷なのである。存在していることを成り立たせている本当のあり方です。我々が存在として意識するのは、自我意識による迷妄のありかたです。それを破って本来の存在、これは人間のまだ見ぬ故郷、我々からは直接体験できない故郷です。帰るべき故郷です。

これを自然の浄土と言われます。この場合、存在としての意味ではなくて、存在論的意味と言います。日常的な人間にとっての意味というよりも、人間を破って、人間が本来、根元的にそれを要求している。我々が感覚的に要求しているのは、煩悩的に要求するものです。いかに理想的に自由とか、平等とか、博愛とか言ってみても、結局人間関心的、自己中心的、自己共同体中心的に要求している。

むしろ、本当の存在に対して我々の存在しているあり方は、存在を否定する形で、本来の存在に背いて生きている。仏教と言うとすぐ教義学的に考えるけれども、教義以前に、我々が意識して生きている事実がここにある。この人間のあり方そのことが、本来の自分を失った形でしかあり得ない。その本来性は、日常意識には見えない。存在の本来性とは、存在論的に存在の深みで要求している存在自身の意味である。

四、本願の呼びかけ、願生浄土

仏教に立った安田理深先生の思索の大事なところはそこにあると思います。「存在の問題は意識や時間の問題と、切り離し難く結びついているが、宗教意識の根底をなす宗教的要求（菩提心）は、人間をしてその存在の本来性を回復せしめるといった意義を持つ」、存在の本来性を回復しようとする要求は、超越的な本能的要求だという言い方もなさいます。

我々が要求するというよりも、我々を破って根元的に呼びかけてくる。これが、本願の呼びかけとか、本願の欲生心という言葉で言われるものです。封建教学が伝えたような人間の外の他力ではなくて、人間存在が本来的に持っている要求、我々の意識するあり方そのものを根元から破ろうとする力を人間の根元に頂いているのだ、と言われるのです。

我々の思いを破るような主体的要求として「願心」ということを言われる。そういう願が人間の本来を要求するのだ。「この願心の自覚によって、他なる何者にも拠らない（いわゆる他力ではなくなる)。したがって自己の主観にも拠らない」それを超越的主体と言われます。

この願心を離れるならば、人間と言っても単なる人間主義的人間、根を失って浮動する妄念的な意識的自己の人間があるのみである。自然を失い、故郷を喪失した人間です。それが根元に願を頂く。浄土ということで、人間存在にとって無くてはならないものを呼びかけている。その場合、日常的な人間存在は破られなければならない存在である。

人間が本来あって、良いところを要求するという意味ではない。今あるあり方が根元的に翻《ひるがえ》されるべくあるのだ。破られて、翻されて成り立つ根拠が、法性であり、人間存在の故郷である。だから、願生浄土を失ったら仏教による人間回復は成り立たない。

願生という概念は、単に死後への願とか、他界への願とか、そういう非実存的な要求ではなくて、本当の意味の人間にとって無くてはならない要求、人間である限り根元的に持っている要求であり、その要求に目覚めないならば我々は自己を失ってしか生きられない。自分の意味を喪失してしか生きられない。そこから存在論的な意味としての浄土ということを考察されたのです。

現代の問題として、こういう思索のあり方、こういう言葉の使い方が、安田先生の独創性に留まらず、念仏の信念の内容として流布されるべきだと思います。現在の一般的人間は、合理性、物質的豊かさの中で何の実存的要求をも持たない。少しは不安があるけれども、百年暮らしと言われるような関心、宗教なんか無くても生きられるのではないかという錯覚で、若い人たちの非常に強い意味追求の問いや、生きることの不安感に全く応えることができない。今の批評家とか、いわゆる宗教学者などのオウム批判はポイントがずれています。根元的要求というものに全然応えないで、現れた現象だけを批判している。何故それだけ強い要求に若い人たちが引かれていくのかという根本問題に敢えて触れようとせずに、人間の菩提心（存在の本来性への要求）というものを本当に吟味せずに、現れている現象だけを批判している。

五、存在の故郷、浄土を解明する

浄土の要求というのは、単に人間の理想郷への願いではない、理想郷は人間主義的関心の世界です。そういう世界を戦争によって作るとか、政治的戦略によって作るということになると次元が違ってきます。根元的、宗教的な要求をこの世的に現象化するのではなくて、宗教関心とこの世関心とが重なりながら、この世関心を破って本当の宗教関心に返していくのが、仏教の大切さだろうと思います。それを本当の意味で存在論的に明らかにしなければならない。

故郷という言葉が非常に大きな意味を持つのは、強い呼びかけでありながら、我々はいつも故郷に帰りたいということをどこかに強く持ちながら、いつも故郷を喪失している。凡夫として、故郷喪失者としてしか生きられない。

過去の自己の歴史、自己の生活の歴史というものに縛られて、今ある命を生きざるを得ない、つまり宿業を生きる存在として限定された有限の命である。その命を生きながら、しかし、無限で自由な、本当の明るみの世界を要求せずにはおれない人間に呼びかけて、「願生」の教えというものを、強い存在論的な意味として自分に納得していこうということが、安田先生の営みであったのではないかと思います。

「願生」という言葉自身には垢が着いてしまっていますが、「願生」を本当に強い、人間にとって欠いてはならない実存的な要求として明らかにすることがないと、「願生」と言っても、願生そのことが分からない。清沢先生は、「願生」などいらないと言ったわけではなくて、むしろ、智慧の究極としての如来を信ずる、実存の苦悩を生きながら、如来を信ぜずにはおれないという構造、それを忘れるときには我々の生活は黒闇である、と言われた。

如来を信ずるということは本来の呼びかけを聞くということですから、それを安田先生は、「願生」という言葉で、言おうとするわけです。本当の存在の故郷を要求する願に触れるときに（願生に立つときに）、未来が現在にはたらいてくる用きに触れていく（純粋未来との関わり）。そこに、親鸞聖人が「真実報土」として表現された課題と、我々が要求しながら本当にはそれに触れられないという信仰批判としての「化身土《けしんど》」の問題を総合して、『親鸞の世界観』では、三願転入を包んで自然の浄土という課題が考えられているのです。

浄土という問題に絞って親鸞教学を構造的に解明したのは非常に珍しいことです。安田先生はこの話を、お百姓さんも聞いておられる会座で三日間なさったのです。先生の営みは、存在の故郷を明らかにするべく、自分のあらゆる疑難をぶつけながら思索していく。その営みはどこに行っても行われる。聞いている方は皆ほとんど分からない。分からないけれども、安田先生の思索に触れると、今まで聞いていたものがどうも嘘臭い。だから、いよいよ聞かずにはおれないということになって、先生と一緒に存在の故郷を解明する会座が相続されていくのです。

六、安田先生の思索・信念

存在の故郷と故郷を喪失した我々との間に橋はないと、安田先生はおっしゃっています。絶対の断絶だ、いな、断絶が橋なのだ。そこに浄土教が伝えてきた信念がある。これは、我らは凡夫である、浄土を要求せずにはおれない凡夫だということを存在論的に表現しているのです。存在の本来性には帰り得ない、けれども、要求せずにはおれない。その要求は超越的要求であって人間主義的要求ではない。今のあり方は虚偽であり、愚かであり、罪悪である。そういうあり方がいつも照らされてくるような根元的な力とともに歩む。断絶しつつ、しかし、光の中にある。そういう構造を持って教えを聞いていくという意味が明らかになる。

先生の浄土の了解というものは、単なる浄土教というよりも、仏教学の思索を通した浄土の普遍的な意味、本願の教えの根元的な意味というものを解明している。安田理深選集の第一巻を発刊するときに、松原祐善先生は、安田先生の学問は、真宗学でもないし、単なる仏教学でもない、仏道を歩む行者としての学問だとおっしゃっていました。

人間が仏になっていくという根元的要求を明らかにしていく。一点のごまかしも許さない厳密な、大変困難な、宗教的課題に対する粘着力の強い思索が、安田先生の「存在の故郷」解明の思索です。

我々は、存在の故郷をどこかに本当に持たないなら、単なる流浪の民である。そこに大事な課題として私どもは存在の故郷の回復を具体化しなければいけないのではないかということを思います。それが願生浄土の信心として教えられる浄土真宗の信仰生活の内容なのだと思います。

第六回　曽我量深から安田理深へ

～相続し深められたもの～

一、近代教学批判への反駁

曽我先生、安田先生は、清沢先生の影響の下に生まれて来た近代教学の流れに立たれた方で、近代教学の流れの中心にあるのが曽我先生で、その影響下で安田先生は独自の思索を展開されました。一九九五年に久木幸男先生が『検証清沢満之批判』を出しました。十年ほど前から大谷派の「近代教学」に対して、内からも外からも非難が起きてきていました。

その問題の根は宗門が持ってきた宿業《しゅくごう》のような課題なのですが、本願寺住職、管長、法主という三位一体の宗教的権力を持った大谷家の戸主が、常識的な国の法律下にある宗教法人としても、近代・現代の組織の長としても、その社会的責任に背くような行いをし、また伝統の宗門の主としてもあるまじきことを行ってしまった。それに対する社会的制裁が、大正末から昭和の初めに一度行われた。にもかかわらず、また同じような事件が近年に繰り返されて、宗門全体が宗教的に停滞し、世間からも疎んじられるようなことになってしまった。

それは実は、経済的な問題を中心にして起こった宗門の葛藤だったのですが、その原因が、あたかも近代教学にあり、思想的責任を負っているかの如くに中傷非難され、その代表者として清沢満之という名前が出されて、清沢満之の教学に対して、保守派あるいは大谷家側から非難が出ていました。それと呼応する形で、宗門内から、あるいは西本願寺の歴史学者を中心にした学者側から、清沢満之批判という形で近代教学批判がなされました。

それに対して宗門の宗学あるいは教学に携わる者は、その論難を引き受けて、反駁するという挙に出なかった。久木先生は長い間沈黙を守っていたのですが、その状態を見かねて、克明に事象を調べ上げて、その批判に対して致命傷と言えるような反駁をしておられるのです。その近代教学非難は、敢えて立ち上がってそれを反駁するほどの宗教的意味あるいは思想的意味が見当たらないこともあって、宗学に携わる者は受けて立つということをしなかったこともありますが、久木先生は、歴史的事象として、その非難が当たっていないといわれるのです。

清沢満之の表現の中で特に現代の問題になっているのは、当時の政治状況や社会問題に対して、批判的に立ち上がっていないのではないかということです。天皇を神としてそのもとに国作りをして、あたかも日本の国が昔から天皇の一家族の末裔であったかのような思想で、日本の近代が十五年戦争に突入していって、敗戦ということになった。その間、天皇を神とする思想で、非常に強く他の宗教を丸め込んで、弾圧して、手も足も出ないように封じ込めてきた。その歴史の中で近代教学が何をしたか、という形の批判です。

国家神道は、擬似宗教であったにもかかわらず政治的権力を持っていたために、それに反抗する発言をする宗教を悉《ことごと》く抹殺するというような厳しい状況で、近代の天皇制というものが日本国民の中に根を下ろしてしまった。それに対して近代教学は何をしたかという非難です。親鸞聖人の思想を受け継いだはずの教団や、法主体制が何をしたかということを抜きにして、近代教学がそれに対して批判しなかったということのみを取り上げて非難し、近代教学を徹底的にやっつけるという論理が正統なものとして蔓延して来たのです。

これに対して久木先生は黙視しかねて、非難している人の立場を含めて、徹底的に検証してくださった。近代と名付けられる教学ということが何であるかが曖昧のままに「近代教学」が言われているという記述があります。私自身も「近代教学」ということを考えてみまして、「近代」ということは非常に多義的ですから、何をもって近代とするかということが非常に難しい。高度成長を迎えてそれが行き詰まるまでは、近代といえば日本人にとっては、前向きに評価できる概念だった。ところが公害をはじめ、さまざまな現代の行き詰まりが見えてきて、バブルがはじけて以降は、近代の罪ということが非常に強く意識されるようになってきた。そうなってみると「近代教学」という言葉が評価される面よりも批判されるという傾向が出てきた。

それに対して、久木先生は、非難している立場が非常に曖昧で、実証的ではないことを、相手の刀を取って切り返すように、非常に緻密な論説で展開して下さった。その最後に、清沢満之が近代の教学者だといえる要素は何であるかということを、脇本平也《つねや》（東京大学名誉教授の宗教学者）の記述を元にして、次の四項目にまとめています。

（1）自由なる批判精神　（2）主体的な信仰　（3）非神話化　（4）新しい思索

今回のテーマ、「曽我量深から安田理深へ～相続し深められたもの～」を考えるについて大変参考になる押さえだと思います。

二、曽我・安田先生が大事にした菩提心と自由な批判精神

安田理深先生が曽我量深先生のことについて、一つは、曽我先生は非常に自由な方だったと言っておられました。曽我先生は決して人を縛るということをしなかった。安田先生は、曽我先生を師と仰いで、教学の営みを一生続けられましたが、曽我先生は別に、人を縛るような表現とか発想は決してされなかった。曽我先生の周りには自由な雰囲気が溢れていたと言っていました。

そのことは、実は安田先生自身にも私は感じていたことで、人間と人間の付き合いを求道心と求道心の呼応として貫こうという姿勢を崩そうとされなかった。ある意味でそれは非常に厳しいわけで、先生を利用しようと思って寄って来た人に対しては、厳しい姿勢で叱りつけて、その根性の間違っているのを徹底的に批判された。けれども菩提心に立って生きようとしている方の頼みという場合には、情熱を懸けて応えようとされた。

例えば、四国から八十五、六歳になって菩提心の催しでどうしても尋ねずにはおられない老人が先生のお宅に来ると、その一人のために何時間でも話をされた。南無阿弥陀仏が分からないという問いに対して懇々と話をされた。こういう例を取ってもよく分かることですが、菩提心一つで

人生を貫こうという要求に菩提心で応えようとし、それ以外のことに対しては全く自由であった。

しかしそれは先生の奥様のような一緒に生活をされる方にとっては大変辛いことが多かったわけで、先生は一切お金の苦労をしない。一遍サラリーマンになったことがあったそうですが、わずかな経験の中にその生活を充分味わって、二度とサラリーマンにはならなかった。サラリーマンの辛さは自己の生活のために主体を売ってしまうということだ。しかし本当の主体は売れない。しかし売れない主体がサラリーマン生活の中でどれだけ辛いかということを、同情をもって表現しておられました。わずかな期間で良く本質を味わっているということを感じました。

さらに名誉とか地位につくことも、全く求めないし、それに頓着しない。先生でも恐らく心が動かないはずはないのでしょうが、心が動くときにはその心を切り捨てて、菩提心を貫こうとされた。自分に非常に厳しい方でしたが、人が訪ねていく場合には非常に自由な雰囲気でした。安田先生の奥様が言っていましたが、大谷大学の学生など、どっちを向いているかわからないような学生が来ても、楽しそうに仏法の話を懇々としていた、と。奥様は生活の苦労がありますから、ミシンを踏んで内職をしていた。その辛い思いをして稼いだお金を、先生は目に付いたら持って行って本を買ってしまう。そのようなことですから、生活としては大変だったのですが、先生自身は大菩提心を生き抜いていかれた。そして菩提心を学生に吹き込もうとして情熱を懸けられた。

何物にも縛られることなくどこまでも聞法するという姿勢を貫いたという点は、精神として清沢先生、曽我先生、安田先生を貫くものであると同時に、その持っている自由さが厳しい批判を持っている。教団について、教学について、人間の生きる姿勢についてでも非常に厳しい。厳しいけれども自由である。決して階級とか身分とかいう差別的な条件で縛りつけるような発想で、人間を苦しめるような方向を取ろうとされなかった。

久木先生も検証しておられますように、清沢先生も周りの人に非常に自由な雰囲気を与えた。目先のことではなくて、大事な大菩提心、宗教心を生きようと清沢先生も教えられたし、曽我先生もそれを受け継いで一生を貫かれた。自由な批判精神が一貫しているように思います。

三、主体的な信仰

清沢先生の代表的な言葉に「自己とは何ぞや」というのがあります。明治三十一（一八九八）年、信仰の最終段階で、本当に他力真宗に帰するについて、エピクテタスの書物を縁にして信仰のゆるがない自覚を確立された。そこに出てくる言葉が「自己とは何ぞや」という言葉で、如来の本願が十方衆生を救うというような抽象的な話ではなくて、私において他力の信心が頂けたということを表現された。自己を対象化、客観化するというような、近代の哲学、宗教、科学等の学問を一旦潜《くぐ》った後で、その信心を主体化した。こういう点で非常に自覚的であり、主体的です。

勿論、求道し、自分が南無阿弥陀仏の信心を獲得するという点では、時代を超えてその信念を確立する悪戦苦闘は一人ひとりがしたわけですけれども、自分自身が自分自身において、信仰をはっきりさせるために、単に親鸞聖人の教学だけを学んだということではなくて、『阿含経《あごんきょう》』とエピクテタスを踏まえて、他力信心に帰したというのが、清沢先生の独自の表白です。

それを受けて曽我先生は、九十歳の記念講演が大谷大学の講堂で催されましたときに「如来あっての信か、信あっての如来か」というテーマで話されました。九十の老学徒が、疑問形で問題を出して講演をするということも非常に若々しいのですが、その内容は、清沢先生から頂いた「如来と自己」というテーマで問題点をはっきり出して、自己において如来を如何にして信じるか（これは清沢先生の絶筆と言われる『我が信念』に表白された「我はかくの如く如来を信ず」という信念です）、それを答えとしてではなくて、一生の自分の教学課題として歩んできたのだということを、改めて認識し直して、『我、如来を信ずるが故に如来ましますなり』というテーマでその講演の記録が出版された。その主体的傾向性の流れが、清沢、曽我と来ている。

安田先生はそれを受けて、信仰は自覚であるということを繰り返し繰り返し明らかにされた。自覚という言葉の意味についても、自分が自分を知っているという意味（self-consciousness）ではない。仏教特有の一如《いちにょ》、法性《ほっしょう》と言われる本来的あり方が、自己の本来性である。自分の本当のあり方、自己の根源であると言われますが、根源の自己であるとも言われます。現在の我々自身のあり方は、それを忘れて、それに反逆的に生きている。本来の自己に背く形で生きているのが今の自我である。

それに対して、本来的自己を回復するということで、仏教の論理を「自覚の論理」として考え直し、明らかにし直す努力を続けられた。そういう点でも清沢、曽我、安田という流れは、脇本先生が近代と押さえられた課題を明らかにしようとして歩んだということが言えます。

四、近代教学の「非神話化」と異安心問題

第三番目の「非神話化」という言葉自身は、プロテスタント神学者のブルトマンに始まる論戦を潜った大変大事なテーマです。神というものにおいて成り立っている神学にとって、神話的表現を廃して脱神話化するということが、一体どういう意味を持つかということは、キリスト教の方では大問題なのでしょうが、その宗教的な意味を近代の一つの色合いとして押さえたのが脇本先生です。

安田先生が、曽我先生の「法蔵菩薩論」は、いわば浄土教の非神話化だと言っておられます。自己の存在そのものと神話が直結する形で、神の領域と自己の領域が断絶しないような意識空間で、神話がそのまま信仰になっている時代に対して、近代は神話的空間と、人間が人間として生きている空間を分けてしまった。たとえば、「それは神話だ」という場合は、現実の生活とは別

の、人間が創った虚構空間であって、現に生きている空間とは直結しないというのが、近代、現代の神話に対する感覚だろうと思います。前近代までは神話空間がそのまま人間の生活空間になりえた。例えば法蔵菩薩がご苦労してくださるというと、あぁ、有り難いといって、法蔵菩薩が極めて身近に感じられ、そこに法蔵菩薩が本当に用《はたら》いておられて、自分がそこに密接に関係している。

人間領域に対して、神の世界とか神話の世界とかを抽象空間にしないような感覚がはたらいていた。そういう時代に対して近代の科学文明が牛耳っている物質的空間は、人間にとって対象化された空間になってしまっていますから、そういう時代を生きる人間にとって、活き活きと感じられる信仰とは何かというときに、単なる神話概念を神話的に語ったのでは主体化できない。近代以降の時代の人間の感覚はそういうふうになっている。

そういう状況を生きて、しかも神話が語っている信仰概念を主体化した場合の表現とは一体何かということを、苦労して表現し直す努力をすることが、近代の教学者の特徴であると、脇本先生は言っておられます。そういう点から言っても、曽我先生自身は、非神話化という言葉は使われないし、そういう関心で考えたわけではないでしょうけれども、如来が本当に自分に信じられるとはどういうことかを、親鸞聖人の思索に照らしながらどこまでも考えていこうとされた。

その時に出された有名なテーマの一つが、『如来表現の範疇としての三心観』という難しい書物になっています。本願の言葉である三心を如来表現の領域であると押さえ直した。信仰は人間に起こるわけですから、私が本当に信じますということが成り立つのは、第十八願の本願成就であるということで、『教行信証』「信巻」で親鸞聖人は如来自身が衆生の上に現れたお心であるとして明らかにしようとした。

回向《えこう》ということを曽我先生は「回向＝表現」という言葉で押さえ直された。親鸞聖人の言う「回向」は現代の思想の言葉で言えば「表現」であると言って、如来が衆生の上に自己を表現する形としての三心とは何かと。至心《ししん》、信楽《しんぎょう》、欲生《よくしょう》のそれぞれが、人間の上に如来が現れたもう一つの現れ方である。そのことを解明するために付けられたテーマがこの題です。この思索は実は、西本願寺の僧侶の方々が先生を呼んで勉強会（教学研究会）を持った。その会で曽我量深先生が出したテーマです。先生は、東洋大学の教授をしていたのを、佐々木月樵《げっしょう》先生に懇請されて大谷大学の教授になったのですが、大正十四年の終わりごろから京都に来て、大正十五（一九二六）年から講義を持たれた。その大正十五年に「教学研究会」に呼ばれて、そこで出されたのがこの講題です。

これが当時の東本願寺では異端視された。当時の保守派の教学者が集まって、異安心《いあんじん》のレッテルを貼ろうとして、検討したけれども決定できない。異安心であることを論究して、それを決める会議に呼び出して、曽我先生を屈服させる論理を構築することは、当時の保守派の教学者は出来なかったと聞いています。何回読んでも異安心臭いけれども、難しくて分からなかったということでしょう。

逆に我々が古い封建的な教学の本質を押さえようとするとこれもなかなか難しい。例えば蓮如《れんにょ》上人は封建教学かというとそうではない。安田先生は、決して蓮如上人は封建教学ではないとはっきり言っていました。蓮如上人が封建教学だというのは、体を本当に押さえていないのであって、どこが封建教学なのかです。例えば宿善《しゅくぜん》、無宿善という言葉を押さえて、差別意識があるといって議論しても簡単に出来るものではない。蓮如上人が表現している意図と内容を押さえたら決してそうではない。どこが封建的かは難しい。

それに対して、近代とは何かと押さえ直すのも同じように難しい。その点で脇本先生が押さえたような方法で押さえざるを得ないのですが、逆に言えばそういう点がないということで、「封建教学」というものの特徴があるといってもいいかも知れません。

私の『近代親鸞教学論』では、まだ時期が早いと思って直接的には書かなかったのですが、実は本願寺体制の一番根源に「法主」が善知識であるという規定があります（前の宗憲にあって、現宗憲では改正されました）。法主一人が善知識であって、その善知識が教学権を握り、政治的、経済的権力だけでなく、宗教的権力（権威）を握った。その絶対的権威のもとに真に信仰を主体的に求めるということが圧殺された。信仰はもともと一人ひとりが宗教的真理と向かい合うことで、政治的権力やその弾圧を許さないというのが、親鸞聖人の姿勢です。完全なる宗教的自由を求めようとする人間の営みに対して、たとえ天皇であろうとも、俗世間の権力（権威）をもって弾圧するということは許されない。

江戸教学の場合には、抜くことのできない「法主＝善知識」体制のもとでの本末関係ですから、言うならば、本願寺法主が全部握っていて、他は皆飼われた犬みたいなもので、たとえ自分の信仰はこうだと思っていても、本願寺法主に楯突くことは許されない。もし敢えて主張すれば即座に異安心として僧籍を剥奪され、宗教行為は禁止される。蟄居《ちっきょ》とか、還俗《げんぞく》あるいは教団追放ということになって、汚名が着せられるのはむろんのこと、生活圏さえ奪われてしまう。そういう時代の中では、教団の負った宿業に近いような、法主権力のもとでの封建体制、本末関係、寺檀関係の中で営まれる教学活動が自由であるはずがないし、自由な批判などは出来ない。曽我先生でも善知識様と言っていました。本当に善知識と思っておられるはずがないのですが、その場合の「善知識」には政治的な意味、宗門の頂点としての意味があっても、蓮如上人自身が表現しておられるような、仏法を自らも生き、人にも伝えてくださる善知識という意味ではない。直接的ではない、間接的な組織としての恩義という形が生きていたということが封建制の形です。それに背くなら異安心というレッテルを貼られて追放されるという時代の教学の営みが持っている窮屈さをどこで押さえるかというと、なかなか押さえにくい。尻尾がつかめない。

そういう封建教学の伝統こそ、親鸞聖人の信念に背くものだと感じたのが清沢先生であり、曽我先生です。どこが異安心かを押さえようとすると、封建教学の側でも押さえにくかった。それがはっきりと表に出たのは金子先生の浄土問題であり、西本願寺の野々村直太郎先生の浄土の問題です。浄土とは何であるかという問題を真っ向から突っ込んだ。これはいうならば「非神話化」です。十万億土を超えて浄土があり、死んだら行けるというのは神話概念です。

信仰にとって十万億土とは何であるかということを問わずに、空間的な感覚で死んだら行けると感じているのは、いわば現代の神話です。そういう神話概念のままに信じられた時代は良い。しかし親鸞聖人は浄土をそのように表現しているかというと決してそうではない。真仏土《しんぶつど》、化身《けしん》土《ど》を論じて、往生、浄土ということを信仰内容として徹底的に解明している。曽我先生は近代人としての意識ではなくて、改めて、親鸞聖人の浄土とは何であるかということに向き合って思索していこうとされた。それは『浄土論』に帰ることです。『浄土論』を受けて親鸞聖人は浄土を明らかにした。

ですから、『無量寿経』の浄土を、本願の浄土として表現した天親《てんじん》菩薩あるいは善導大師《ぜんどうだいし》の頂き方を通して、親鸞聖人は浄土を明らかにした。野々村さんは、宗教学者として、親鸞聖人の浄土は一般の民衆に布教されている西本願寺の浄土ではないと、はっきり、勇気を持って言ったのです。即座に異安心とされて、僧籍を剥奪され、龍谷大学の教授職を奪われてしまった。それほどの権力が異安心というレッテルを貼れる法主にあったのです。

それが東本願寺では金子先生の異安心問題として出たのです。『浄土の観念』と『如来及び浄土の観念』という小さな本として、浄土を『浄土論』に照らして明らかにした。その『彼岸の世界』という『浄土論』の研究書が証拠物件として握られた。その内容を克明に論じて異安心というのではなくて、「浄土の観念」というテーマが間違っているということで論究されたそうです。金子先生は降参しなかったそうですが、反省せよと言われても反省しませんと言ったが故に許されなかった。僧籍を削除され、大谷大学を追放されたのです（昭和三年の事件）。

浄土を非神話化するという関心があると異安心視される。法蔵菩薩が昔々作って十万億土の向こうにあるという空間的イメージでそのまま信じ、この世の中は辛いし、面白くないし、理想的でもないから、彼の土へ南無阿弥陀仏をもって行けると素朴に主体化できれば、信仰と言えるかもしれません。しかし、少なくとも近代の人間として、十万億土の彼方にある浄土とは信仰主体にとって何であるかということをはっきりしなければならない。死んだら行けるというような曖昧な概念は許されない。そこに切り込んだのが金子先生です。

曽我先生は、『浄土論』の願心荘厳《しょうごん》と、親鸞聖人が明らかにした真仏土、化身土の問題に照らして、「欲生心《よくしょうしん》」という言葉で押さえた。浄土そのものを論じるのではなくて、如来が衆生に呼びかける「欲生我国《よくしょうがこく》」の側から考察された。親鸞聖人は欲生心を回向心と言っていますが、欲生心の「欲生我国」の内容が「我が国」たる浄土である。欲生心を抜きにして浄土そのものを論じても意味がない。欲生心が何であるかということを曾我先生は論じたのです。封建教学の学者は、曾我先生を押さえようとしても押さえきれないで、異安心というレッテルを貼り損なったのです。このように「非神話化」という問題を押さえたということは近代教学の大きな意味です。

五、曾我先生の難しさ

最後の四点目、「新しい思索」という問題に関しては、清沢先生は、出来るだけ仏教の用語を使わないで、仏教の信念を表現しようとされた。それが清沢先生の「我が信念」の最初の言葉です。『精神界』に載せた論文は、自分が頂いた信念を出来るだけ時代の言葉、時代の課題で表現しようとした努力の跡だろうと思います。どうしても時代の言葉で表現しようとすると落ちるものがある。仏教が仏教用語を使って表現してきた大きな課題というものは、言葉を換えたら、こぼれ落ちていくものがある。それを畏れずに時代に生きている言葉を使いながら、課題を明らかにしていこうとされた。

それに対して曾我量深先生の言葉は、基礎が唯識ですから、法相唯識《ほっそうゆいしき》の言葉、『大乗起信論』の言葉などを縦横に使いながら、近代人としての課題を解明するために、主体的に思想を練られた。しかし、その思想内容の表現は非常にわかりにくい。わかりにくさということが明治の時代人の思索の特徴かもしれません。

例えば、何故、西田幾多郎《きたろう》さんの文章があれほど難解なのかについて、上田閑照《しずてる》さんが言ったことが非常に印象的です。西田幾多郎が思索を始めると教壇の上をマントヒヒのように行ったり来たり歩きながら、思索のみが生きているという感じになる。ところが聞いている者には何を言っているのかほとんど分からない。分からないけれども魅力がある。何かを探っていこうとする思索の方向性に対して引かれるものがある。西田さんの人格と、思索的な力が京都大学哲学科の最盛期を生み出したのです。西田幾多郎の講義には、全くの関係のない他の学部の学者達が聞きに来たといわれます。思索している問題が時代の課題の重さに響くものがある。

さらに、西田幾多郎は主体的な求道者でしたから、一生坐禅を捨てなかった。そういう点では人間的な魅力もあったのですが、思想の魅力もあった。しかし、何故、難しいかについて上田さんは疑問を持った。西田幾多郎の書いたエッセイとか、感話では非常に分かり易くて良い話をする。本質を突いて、しかも誰にでも分かるような易しい話をする。ところが哲学になった途端に難解極まりない。自分自身の頭が変になると言いながら思索している。

何故、そうなるのかというと、日本の近代がヨーロッパの思想に触れたときに、今までの日本語では持っていない概念や論理とぶつかる。しかも表現は日本語でしなければならないとなると表現する言葉や論理がない。西田幾多郎は西田幾多郎の論理を作らざるを得なかった。だから読む側は西田幾多郎の論理に馴染んでいない頭で読もうとするから付いていけない。そういうわけで難渋になったので、論理と言葉が日本語に定着してくれれば、そんなに難しいことを言っているわけではない。

例えば、ドイツ語の哲学書をドイツ人が読めば、少なくとも文字通りの言葉の意味は分かります。言葉自身が分からないということはない。例えば、範疇というのは翻訳語ですから、我々日常の言葉ではないので何を言っているのか分かりませんが、日常語としてのドイツ語の Kategorie だったら誰でも日常的に使うものですから、ヨーロッパの人は誰でも分かる。範疇とか概念などは日本語ではない漢字で作り出した哲学用語ですから、哲学用語としては非常に分かりにくい。そういう意味で明治時代の人の思索は難しい。曽我先生も若い頃には翻訳されたカントなどの哲学書を読んでいる。ヨーロッパの思想や哲学用語を翻訳用語として読んでいて、それを使うのでますます難解になる。仏教の思索自身が難解なのに加えて、ヨーロッパの新しい言葉（特に哲学用語）に馴染んでいないのでなお難しい。

曽我先生の基礎教養は古典としての中国語であり、中学時代に暗唱するほど読んだ『成唯識論』と漢籍の四書五経です。しかも近代人として仏教の思想を思索し、表現するので、このあたりが曽我先生の難しさの一つの原因だろうと思います。その中で曽我先生自身が難渋している。ここで何が言いたくてこんなに難しい表現をしようとしたのかがよく分からない。表現している中に、曽我先生自身の中で言いたいことがだんだん分かってくるような論旨の展開です。

それに対して安田先生は、単に漢籍だけではなくて、子供の頃からキリスト教に触れ、菩提心の催しによって禅に触れ、真宗の教えに触れて来ています。若い頃は哲学書を原書で読んでいた。しかも語学はまったくの独学で、横文字を辞書と首っ引きで我流で読んでいます。だから発音はでたらめです。ところが独特の直覚力でドイツ語でも斜め読みのようなスピードで読まれました。言葉の羅列の中から大事な言葉をパッと気付く、不思議な力です。思索が見出してくる独特の直覚力でしょう。哲学をやっている方が、安田先生の概念の押さえ方は非常に正確だと言われます。ドイツ語の教養が豊かなので、ドイツ哲学、ドイツ神学を自分の思索の栄養として、主体的な信仰表現を模索された。

六、「感の教学」

曽我先生の「如来表現の範疇としての三心観」というテーマを安田先生は一生大事な課題として考えて行っています。晩年に三河で「信巻」の講義をなさいましたが、その中に三心の問題が、繰り返し究明されている。『浄土論』と善導大師の三心釈を交互に照らしながら、「信巻」を徹底的に主体的に読んでいる。曽我先生の七回忌の講演を安田先生がしたときのテーマが、「願心の表現的自覚としての信の確立」です。曽我先生では、まだ如来という概念と自己という概念があって、如来が我となって法蔵菩薩が誕生する、分かれながらも根源的に自己を翻して自己となろうとする主体だということがいつもあるのですが、安田先生は、さらに如来の体を願心とした。如来が衆生となろうとするときには、願に成るしかない。本願となって立ち上がる。だから成就《じょうじゅ》の文《もん》は「願生《がんしょう》彼国《ひこく》」と言うのだ。願となって我々に呼びかけ、呼び覚ます。願心が自己を表して来るということが自覚だ。そういう「願心の表現的自覚としての信の確立」というテーマで講演をされました。曽我先生が亡くなった後、安田先生は曽我先生を憶念して、曽我先生とは何であるかということを繰り返し書いていますが、それをまとめて話されたのが『感の教学』です（『安田理深選集補巻』に上記の二つの講演が入っている）。

私は、安田先生に曽我先生について講演をお願いに行く役目でしたので、先生に何回もお願いをしに行った。その度に先生は引き受けたとは言わずに曽我先生についていろいろと話して下さる。その過程を聞いていたので、先生が出したテーマも講演内容も素直に頂けたのですが、他のほとんどの方は何を言っているのかさっぱり分からないという感想だったようです。

ところが講義録が本になったら、良く分かるのですが、しかし一語一語が非常に重いのです。一語一語に先生の思索が煮詰められている。寝ても覚めても曽我先生とは何であるかを考えて、ノートや日記に書き、自分の思索を確認して、人に、聴衆に話すという過程を潜って講演されましたから、裾野が切り離されて、雲の上に岩峰だけが残ったという感じです。それぐらい硬質の思索でした。

安田先生が言っていますが、自分の思索は材料といい、内容といいほとんどが曽我先生から頂いたものである、と。曽我先生とは何であるかということは自分では言えない。曽我先生について考えれば、全部、曽我先生から頂いた言葉、教えである。だから自分の思索を表現するしかないと言って「願心の表現的自覚としての信の確立」という講演をしています。

このように、どこまでが曽我先生であり、どこからが安田先生だということも大変難しい。結局、思想は全く新しいということはない。古いものを表現するのだが古いものを表現しながら新しいのだと安田先生は言っています。仏教用語は古いけれども、それを自分の思索を潜って表現する。親鸞聖人の仏教用語は全て七祖と経典から頂いているわけです。七祖と経典の言葉を自分の思索として表現する材料にしているのです。そして自分だと言わずに七祖を見よと言っています。

今回のテーマを考えるのは従って大変難しい。試みに幾つかを言えば、曽我先生について安田先生は『感の教学』とおっしゃった。「感」は直感的な思索、曽我先生の独特の思索です。安田先生はその「感」を理性に対する感覚だと言っていました。曽我先生は非常に理性的な人、非常に思索能力の優れた人です。しかし、むしろその理性を敵とするのが本当の宗教心の感覚だと、「宿《しゅく》業本能《ごうほんのう》」だと言っています。宿業という仏教の言葉を本能と置き換えて「宿業本能」と言われます。曽我先生は単に頭で考えたのではなくて、全身で感覚した。その感覚は宿業が感じるものだというのが安田先生の理解です。

宿業というものは理性で牛耳られるものではない。縛ることが出来ないものを、近代合理性は何とか押さえ込んでいこうとする。それに対する抵抗が曽我量深の思索である。曽我さんはむしろ野人として吼《ほ》えたのである。現に生きて、切って捨てることの出来ない自己自身を抱えている。合理性で解釈している自己の底には掴みきれない自分がある。掴みきれない自分が立ち上がってくるような力が宗教的要求なのだと。理性でそれを解釈して、相対化、対象化している圧倒的な近代合理性に対して、そういう自分の宗教的要求を本能だと言っています。近代合理性に抵抗するようなものが『感の教学』として出されました。人間を認めて人間らしくなろうというものは全部外道である。それに対して人間が迷っているのだから、その人間を破るのです。よくニーチェの「ツァラトゥストラ(Zarathustra)」として具体化された理想的人間である超人(Ubermensch)は菩薩だと言っていました。人間を破るところに宗教の意味がある。これが安田先生による曽我教学の直覚的な押さえ方です。

七、思想家としての安田先生

法相教学を受けて、曽我先生も安田先生も非常に緻密ですが、曽我先生は緻密以上に直覚の太さが大きいのです。大問題を感覚して、それをずっと思索の土台として貫くのです。曽我先生は大工で言えば鉈《なた》で、金子先生は剃刀《かみそり》だと言っている人がいました。金子先生は繊細な仕事をするのに対して曽我先生は荒削りである。また、法相教学の緻密さに対して、金子先生の緻密さは華厳教学を受けた緻密さです。華厳教学の緻密さは、因分可説、果分不可説といって因分を説いていく分析方法です。

親鸞教学は従果向因です。安田先生の教学は、本願の信心に立って、法相教学の緻密な人間の精神分析を忘れない。教学用語を単なる観念の言葉として使わずに、必ず主体化する。例えば、自己の根源、根源的自己という言葉を使っても、法性とか一如という仏教の用語を憶念している。仏教の思索を哲学用語で思索するという訓練をした。だから安田先生は晩年まで本に対する興味を失わなかった。

曽我先生は五十歳過ぎてからは、聖典と新聞だったそうです。聖典を隅から隅まで暗唱するほどに読み込んでいて、聖典一つを持って講演に歩いていた。また、新聞を毎日、隅々まで読まれた。新聞の中から大事な思想の材料を取り出してきて表現されていた。自然法爾《じねんほうに》に時代の思想状況に信仰をもって打って出ようとする曽我先生の営みだったのだろうと思います。

それに対して安田先生は新しい哲学の表現を貪るように追いかけていました。それは興味があるが辛い。「安田君、あんたもうそろそろ哲学を卒業したらどうや」と曽我先生に何回も言われたそうです。そう言われながらも時間があれば本屋廻りです。

晩年に至るまで本を集めたのですが、一九七三年に家が焼けて、本が焼け、消防のホースの放水で水浸しになってしまった。私たちには少しも現さなかったのですが、どれだけ辛かったかは後で先生の講義に出てきていました。無理して一代を懸けて買ってきた本が水浸しになってしまった。それについて安田先生は、誰が焼いたのでもない、焼けたのだ。焼けたということは自分の宿業だ。自分に責任がある。そういうふうに頷《うなず》かれた。泣き言は心の内に起こったに相違ないのですが、それを乗り越えるのが南無阿弥陀仏だ。南無阿弥陀仏で乗り越えるというのは思想的にどういう意味かということを安田先生は思想家として突き詰めたのです。それが実存的責任ということで、思想を通して克服したのです。曽我先生が、宿業本能、回向表現、権利功徳、荘厳象《しょうごんしょう》徴《ちょう》というように、大事な教学用語を現代用語で表現し直して、それを徹底的に使っていた。回向表現などはもう通用するようになりました。

安田先生の本の読み方は、本に何が書いてあるかよりも、課題をもらえばいい、解釈は要らない。かくかくしかじかのテーマが現代の思想状況の中で大事な問題だという事をもらうだけで自分は思索出来るという姿勢です。西田幾多郎の本の読み方と同じです。自分が南無阿弥陀仏一つ頂けばそれでいいということでは済まされない。時代の課題、人類の課題、思想の課題を通して自分の信仰を常に洗っていくことが聞法の大切な課題だということを教えられました。

第七回　純粋未来・真実証

一、近代教学論

近代教学とは何であるか。大谷大学での親鸞の学びから与えられた筆者の課題として、この問題を整理して、出来る限り明確にして公にしておきたいと考えて、前に出した『近代親鸞教学論』（草光舎一九九五）は近代教学以前の真宗の教学（宗乗）の内実は何であるかということを、親鸞の思想表現と対応させて明らかにしようとしました。

特に近代教学に対しての封建時代の教学である宗乗、それは江戸期の真宗教学ということなのですが、江戸教学それ自身を論じるということは、講師方の講義録全部を解明するということになりますから、それはとても筆者の手に負えるものではない。というよりも筆者にとって、江戸の宗学にはそれを全部読み通すほどの宗教的魅力がないのです。それよりも本願寺が権威に据えている親鸞以降の列祖といわれている方々、覚如《かくにょ》、存覚《ぞんかく》、蓮如《れんにょ》という大谷家の血筋に生まれて、本願寺歴代に名を連ね、その権威を侵してはいけないという形で、親鸞聖人と同じ思想、同一の信念であって本願寺の正統でもあるとされてきた方々の表現を、親鸞聖人の思想信念の表現と対《たい》峙《じ》させて、果たして同じであるかどうかをはっきり考察しておくことが大事ではないかということで、敢えてその対比を試みたのです。

今まで列祖の特徴を論じたものはあるのですが、大体は正しいとか、伝統に則っているとかいう弁明的な関心で、遠慮がちに論じてはいるのですが、その本質について、親鸞と対比して切り込むということは誰もしていなかったと言ってもいいと思います。

筆者の課題としては、近代教学それ自身の持っている内実を論じなければいけないのですが、私自身がいわゆる近代教学の流れで育てていただいた者ですから、それを客観化して論じるということは出来ないし、中にありながらその意味を浮き彫りにするということは非常に難しいのです。『近代親鸞教学論』の後半部に一部分、近代における浄土の問題を論じたのですが、禿龍洞で安田先生について何回かお話しした年末特別講義をこの『師・安田理深論』に集録して、近代教学の課題を展望できるようにしてみました。

『検証―清沢満之批判』（法蔵館）という本が出されています。この書が出版された頃には、清沢満之先生に対する批判が強かったのですが、その清沢満之批判に対して、この本の著者である久木幸男先生は、誰かが反駁《はんばく》するかと思っていたけれど誰も反駁しない、と。先生は教育学者で教育の歴史に携わっていたこともあって、事象と時代背景を調べられて、清沢先生に対する批判の根拠が曖昧であることを逐次批判されました。特に西本願寺の歴史学者赤松徹真、福嶋寛隆という方々を痛烈に批判しています。この『検証―清沢満之批判』は大変情熱的な著作となっています。

筆者の〝『親鸞教学』～曽我量深から安田理深へ～〟はこの『検証―清沢満之批判』と同じような分量なので、法蔵館としては同じような形で扱いたいということのようです。近代教学を論じるということで、一方は清沢満之批判の反批判という内容である。それに対して、『親鸞教学』は安田先生を語りながらの近代教学論ということで、ペアにして出したいということです。

安田先生の思想の仕事、あるいは浄土真宗の教えを自己の思想信念として生きて、思想的な場で根拠付けることを一代の仕事としてくださった意味を語ることが出来ればということで『親鸞教学』を書きました（この本の改訂版として『改定版親鸞教学』（二〇一五）が出版されています）。

二、死後往生と親鸞聖人の領解

今回のテーマは「純粋未来」ということです。純粋未来という言葉は、安田先生の十三回忌（一九九四年）の時に、先生の「証巻」のノートの一部を本にして、文栄堂から『純粋未来』として出版しましたが、「純粋未来」という言葉自身は曽我先生が出されました。曽我先生が「真実証」ということを考えるについて、浄土の信心にとって大涅槃である真実証、すなわち難思議《なんしぎ》往生の意味を純粋未来という言葉で考えられました（『分水嶺の本願』参照）。

純粋という言葉を使ったのは、浄土教の未来性の課題があるからです。布教されている真宗の信心の中心に、お浄土参りという言葉で言われる、この世が終わって死んであの世に往く、そのあの世というのが如来のお浄土であって、死んだらお浄土に生まれて往くことが出来るという情緒的信仰があって、それは、死後の心配を救ってくれる。そのような内容で、信仰に向かう動機を語っているところがある。浄土教自身が持つ動機は「願生《がんしょう》」ですけれども、「願生」（本願の言葉で言えば「欲生《よくしょう》」）という言葉を、日常的な感覚で意味づければ、臨終にこの世にお別れして死んで浄土に生まれて往くという考え方が、一般的浄土教の信念であるわけです。

それを親鸞聖人は『大無量寿経』の本願に返して第十八願による往生、『大無量寿経』が語ろうとする往生、それを『観無量寿経』が語る往生、『阿弥陀経』が語る往生と対比して、第十八願（「たとい我、仏を得んに、十方衆生、心を至し信楽《しんぎょう》して、我が国に生まれんと欲《おも》うて、乃至十念せん。もし生まれずば、正覚を取らじ」）の往生は、第十一願（「たとい我、仏を得んに、国の中の人天、定聚《じょうじゅ》に住し、必ず滅度に至らずんば、正覚を取らじ」）と対応する因果である（難思議往生）ということを『教行信証』を通して明らかにされた。

浄土真宗の信念の動機である「願生」ということは、死後に如来の世界に生まれて往こうと願うという意味ではない。証大涅槃（一般的な意味では菩提心の成就）の要求に応えるものが浄土真宗であって、浄土真宗の宗教的意欲である本願の「欲生心」は如来の回向心《えこうしん》であるとされました。

如来の回向心である故に、願作仏心《がんさぶっしん》、度衆生心《どしゅじょうしん》を成就する。大菩提心として成就する。これが親鸞聖人の本願の信心の領解《りょうげ》です。普通人間は常識的に、今は濁世《じょくせ》で、この世は苦悩の穢土《えど》で、死んだらお浄土だという時間的な二元論を立てて、この世では助からないけれども、あの世では助かるという情緒的な安心感で、「現生正定聚《げんしょうしょうじょうじゅ》」をすら理解しようとします。その場合の現生正定聚は、今はこの穢土を苦悩の命として生きているけれども、必ず浄土に生まれることが出来るという意味の必然性です。浄土に生まれることが出来るということを、今確保するという意味で正定聚という言葉を理解しているのです。これが封建教学以来の理解です。

けれど親鸞聖人が語ろうとする内容をよく見ますと、必ず仏になる、あるいは必ず大涅槃を獲るというのが正定聚です。定聚に住し、必ず滅度に至る。異訳の経典によって、等正覚《とうしょうがく》に住し大涅槃を証するということを、第十一願成就として取り上げられています。『如来会《にょらいえ》』と『大無量寿経』の第十一願文《がんもん》とを照らし合わせて、第十一願の課題は大涅槃を証するということであり、真実信心はその因を与えるということである、と。大涅槃の因が成就して、正定聚に住するということです。大涅槃を証するということが仏教の課題でもあるし、本願が衆生に願っている根本課題です。

大涅槃を一切衆生に獲得せしめようとすることを、第十一願をもって誓い、そのことを成就せんがために第十八願を誓うのです。大悲の本願は浄土を建立して、浄土に一切衆生を摂め取ろうとするのですが、それは第十八願を通して第十一願を成就するのだ、というわけです。大涅槃の因を与えるという意味で、信心を「証大涅槃の真因」であると言っています。証大涅槃の因を獲るということが正定聚に住するということです。正定聚に住すれば、本願力によって必ず涅槃を獲るのです。涅槃を獲るということは仏教の課題であるけれども、我々凡夫《ぼんぶ》が直接涅槃そのものを獲得する必要はない。正定聚に住すれば本願力によって必ず涅槃を獲ることが出来る。大涅槃を与えるのは如来の本願力である。信心を獲得すれば、必ず大涅槃を得る位を今ここに与えてもらう。信心を獲得すればもう大涅槃に往くことは難しいことではないのです。第十八願成就の必然として、第十一願を成就するのだ、と言うのです。だから、「無上妙果、成じがたきにあらず、真実の信楽《しんぎょう》実に獲ること難し」（真宗聖典二一一頁）と言われるのです。

三、真実信心を得れば、悟りと同じ利益

親鸞聖人の考えでは、往生の果としての真仏土は、難思議往生の証大涅槃と同意義なのです。真実証というのは第十八願成就の必然性として第十一願の成就として誓われている。ですから証は我々が悟りを開くのではないけれども、真実信心を得れば真実証は本願力の必然で、すでに回向の信に包まれているのです。信心の仏法というのは悟りを開く仏法ではない。信心を得ればもうそこに救いが来ている。本願力の摂取不捨の利益の中にあるということが、人間にとって無上の利益なのです。悟りを開いたと同じ利益をここに得ることが出来るのです。悟りは本願力が開く世界ですから、我らはそれを信ずればいい。

悟りをここで体験するというのが聖道門《しょうどうもん》の発想です。自力聖道の道では現在に「悟り」を開くのに対して、我々は現在に信心を得れば、願力《がんりき》の必然の中に証大涅槃というものがすでに誓われ

てあるので、これを信じればいい。我々は証大涅槃の因をはっきりさせればいいのです。だから、「無上妙果（大涅槃）成じがたきにあらず」と言われるのです。無上妙果を成ずるということは、普通は難しい。だから封建教学は生きていては出来ないから、死んだら浄土へ往ってそこで無上妙果を成就するというふうに説得するわけです。しかし親鸞は、「無上妙果成じがたきにあらず、真実の信楽実に獲ること難し」と言われるのです。真実信心が難信であるということは、現在疑いの深い我々にとって、第十八願の成就が我が身の上に現前するということが難しいのです。

難しいという意味は人間が努力して獲ることが出来るようなものではないという質を表すのです。人間の立場では不可能だということを表すのです。にもかかわらず本願の成就として我が身に現前する。これは不可思議というしかないということです。信じることの出来ないはずの者が、ここに如来回向の信として本願成就の事実を受け取るということです。有難い、かたじけないという意味を持った難です。そういう難信を成就すれば、難信の内に本願力の必然として『大無量寿経』の往生は包まれています。だから第十一願成就の証を、浄土の真証と言っています。「証巻」の初めの親鸞聖人のご自釈といわれるところを読みますと、必至滅度、必ず滅度に至るということが真実証だと言っています。因に必ずということがあっても、いずれきっと成就が成り立つというのが人間の常識です。第十一願成就文は「かの国に生ずれば、みなことごとく正定之聚に住す」（聖典四四頁）と言っていますから、文字通りに了解すれば、いまこの世で、念仏しておけば、かの土に生まれたならば正定聚に住すると理解するのが普通です。

ところが曇鸞大師《どんらんだいし》は、天親《てんじん》菩薩の教えによって煩悩の生活の中で、凡夫が真実の浄土を願うことはないのだと言っています。我々が願うとすれば極楽という言葉を聞いて、美しいところ、楽しいところ、苦悩のないところだから往きたい。願生という言葉が人間的に了解されればそういう願生です。誰でもそういう願いを持っている。いまの人間関係、日常生活そのままで良いとは誰も思っていません。やむを得ずということで妥協しているのであり、絶対正義であり、絶対純粋であり、このままの命で良いのだと自己肯定するほど傲慢になれないのが普通の凡夫です。そういう人生を生きていますから、浄土は美しい、純粋の世界だと言われるとそういう世界を願う。それを願生だと思っています。その場合の願生の先にある浄土は、不純粋未来ということです。

四、浄土とは、宗教的要求とは

ところが曇鸞大師は、天親菩薩の『浄土論』に照らして、楽しいからと言ってそういう世界へ往きたいという人間は、生まれることは出来ない。楽しさを要求するのは本当の浄土への要求ではないからである。人間の要求に応えるのが浄土ではない。浄土とは、如来が衆生を摂取して、仏道を成就させようとする純粋清浄の場である。人間の思いが成就する場所ではなく、人間の思いが転じられて、仏道が成就する。つまり自我の思いがそのまま満足するのではなくて、光明に遇《あ》って無明《むみょう》が破られ、我執の思いが破られるのです。曇鸞大師はそのことを押さえて、浄土は無上菩提心が成就する場所である、と。浄土という場所を開いて菩提心を成就させようというのが如来の方便であるということを押さえています。

凡夫がどうしたらそういう要求に気がつくかというと、天親菩薩は「観見願生」と言っていまして、浄土を観察して阿弥陀如来を見る（遇う）。安田先生が『願生偈』の中で「解義分《げぎぶん》」のはじめの起観生信章の段を、非常に力を入れてお話をしておられます。それは『浄土論』の鍵だからです。なぜ浄土が説かれるかというと、浄土は言葉となった如来の願です。その如来の願を聞くのは、なにが人間にとって真の宗教的要求なのかということを自覚させるための方法です。宗教心とは何であるか、自分が解放される根源的な要求は何であるかということを教えていくために、浄土が説かれるのである。その浄土を観ていくということは、浄土を説いてある言葉をじっと聞いていくということを通して、自分自身が阿弥陀の願を観ていく、そこで阿弥陀如来に値遇する。

「観」は観察で自分の外から教えられてくる言葉を聞いていく。聞いていく中で観る、『願生偈』では「観仏本願力、遇無空過者」と言われていて、仏に遇うということです。自分と如来とが出遇うのです。阿弥陀如来を観るとは、値遇することです。如来の願心、本願力に出遇うのです。

本願力が私にとって智慧となり、光として私の無明の心を照らし出す。阿弥陀の心が我が身に響いてくる。そして阿弥陀如来に遇うことにより願生する、と言われるのです。

穢土にいながら浄土を見ようとしても、十万億土のかなたですから、普通は見えないのです。安田先生は、凡夫が阿弥陀如来を直接見たら目がつぶれると言っています。直接見るのではなくて、阿弥陀如来の願を聞くということです。

五、方便化身土と真実報土の往生観

『観無量寿経』では阿弥陀如来の真身を観ぜよ（真身観）と言われていますけれども、定《じょう》の中で阿弥陀如来を見るということは、阿弥陀如来の心を観るということだと言います。大慈悲を観るということが阿弥陀如来を観るということだと言われている。ところが真身観の仏を、親鸞聖人は「方便化身土《ほうべんけしんど》」の如来だと言っています。『観無量寿経』で真身観と言っているのを、親鸞聖人は方便化身であると言われます。真実報土の如来は尽十方無碍光如来《じんじっぽうむげこうにょらい》、あるいは不可思議光如来。つまり光明無量、寿命無量の願の成就した名前だとされています。

このように『観無量寿経』は、人間の意識の対象界としての如来の世界を教えて、それを観るごとくに語りますから、それは方便化身土なのです。方便化身土への往生は、どうしてもこの世に対してあの世です。世界観も時間も二重構造です。分別の二重構造の対象として如来の世界が語られて、そこへ往くように教える。これが方便化身土への往生観です。つまり、浄土が不純粋未来なのです。それは、世俗生活で感じている未来であり、無明の闇の未来なのですね。

それに対して真実報土という時には、第十八願の成就と第十一願の成就の関係で説かれるのです。第十八願の成就の故に第十一願が成就する。「念仏往生の願因によりて、必至滅度の願果をうるなり」（『三経往生文類』、聖典四六八頁）と言われています。そこに難思議往生ということを押さえています。「三願転入」のところでは「難思議往生を遂《と》げんと欲《おも》う」（聖典三五六頁）と言っています。第二十願を「果遂の誓い」とも言っていますが、これは本願力自身が果たし遂げずんば止まんと誓っている言葉です。

浄土真宗は信心によって救われる。その信心は如来の回向であり、回向に値遇《ちぐう》するところに、我々は救《たす》かる。救かるということは、至心信楽《ししんしんぎょう》の願の成就として現在にはこの身に安住することで、清沢満之先生が言っているように、無限大悲の妙用《みょうゆう》に乗託《じょうたく》する、一切を如来の用《はたら》きとして信受する。自分であああしなければならない、こうしなければならない、これをして失敗した、あれをして悪かったという苦悩の一切が、如来の用きであると信受できれば、如来の因縁の中にこうして生かされているという人生観を頂くところに解放感がある。しかし解放されて何もしないというのではなくて、解放感の中に本当の意欲に立ち上がることが出来る。その意欲は、自分がこれからどうにか成っていこうという要求というよりは、如来の本願力が我が身を摂して用いてくるのに随順することです。

難思議往生は、今、難思議往生を遂げんと欲するのです。現在の中に未来を孕んで、信仰生活をいのちある者のところに、ここに開いてくる。欲生心《よくしょうしん》は信心の因相（根本原因）であるということが曽我量深先生の言葉です。信心の果相は至心、真実です。虚偽の心、私の努力意識とか、思い計らいではない。一如《いちにょ》から来ている、自然法爾《じねんほうに》の真実です。その真実の内面は本願の用き、大悲の用きに帰順していこうとする要求を常に内に孕んでいます。

往生という言葉には、困り果ててそれ以上動けなくなるというようなニュアンスが付いてきてしまうので、いのちが終わってから良い世界に往くような言葉として、汚れが付いています。実は欲生心は、信心が信心であることを自己確保していけるような根本動機であるということです。私どもが願生するのではなくて、本願に生きるのです。本願を信受して本願を生きるのが願生だと曽我先生は言っています。異次元の世界に行くことが往生ではなくて、難思議往生は行かずして往くということです。曇鸞大師は「無生《むしょう》の生《しょう》」と表現しています。

生まれるという言葉も、元は何かないものが生じてくる、今までなかったものがこの世に生まれてくることです。生まれるという言葉自身は因の段階では形のなかったものが、果の段階で形になってきたということです。ですから、曇鸞大師は、無明の命を生きている人間がもう一回何処かへ行って生まれるとするのなら、またそこでもう一度迷うことになってしまうのではないか。

それなら迷いから迷いへの流転である。流転して浄土に往って何になるのかという疑問を出しています。

六、菩提心・欲生心

生《しょう》が生《せい》を生《う》むのではなくて、如来が本願海を開いて浄土を荘厳《しょうごん》し、衆生を摂取《せっしゅ》しようとするのは、生まれずして生まれるのです。本願の生は「無生の生」です。「無生の生」という表現は、龍樹《りゅうじゅ》菩薩の影響を受けた空観《くうがん》の思想表現です。中国に伝わってきた大乗の、龍樹の空観を柱とする中観《ちゅうがん》の思想です。「八不中道《はっぷちゅうどう》」と言って人間の執われを一切払って空《くう》に帰する。空と言っても真空妙有《しんくうみょうう》といわれるような「色即是空　空即是色」の空です。単なるニヒリズムではなくて、生き生きとしたいのちというものは執われを本当に破るということです。『中論』・『大智度論』・『十二門論』・『百論』の四つの論を根拠にした学派が中観派の四論《しろん》宗で、曇鸞大師はその四論宗の学匠です。その曇鸞大師が『浄土論』に触れて願生の信心に生きた。そこで浄土の生を表現したのが「無生の生」です。

『大無量寿経』に「化生《けしょう》」という言葉があります（聖典八一頁）。普通生まれるというのは四生です。胎生、卵生、湿生、化生の四つの迷いの生まれ方です。そういう生まれ方ではない阿弥陀如来の本願に触れて生まれるので、生まれずして生まれるのです。これを「正覚《しょうがく》の華《はな》より化生し」と表されます。阿弥陀如来の悟りに触れる、「蓮華化生」とも言われます。親鸞は真実証の中に、「難思議往生」という意味を見ておられるのです（聖典二七九頁）。証大涅槃、これが難思議往生だと言われるのです。

親鸞聖人は言葉をこのように厳密に押さえていて、仏教の根本課題である大菩提心をはっきりさせたのです。大菩提心が菩提になる、その因果です。我々は大菩提心をはっきりさせれば菩提はその果として自《おの》ずから与えられる。ここに本願の因果があるわけです。

親鸞聖人は一般に流布している死後往生について、第十九願、第二十願をもって批判し、これを化身土の往生と示されているのです。この世の生が終わって助かっていくという考え方は本当の意味の仏道ではない。外道と言ってもいいのです。菩提心に立たない考え方は外道です。本願の信心は菩提心です。願作仏心、度衆生心を孕んでいるのです。本願力を信受することが菩提心なのです。何故なら本願力によって菩提が成就する（仏になる）からです。念仏成仏です。

人間の作ったフィクションの浄土は不純粋である。教えはそれを通して我々の妄念を払い、我々の二重構造の考えを翻す。信心の智慧は無明に覆われた人生を感覚するあり方を翻すのです。我々の不純粋未来を破って純粋未来を開く。そこに真実証を説かれる意味があるのです。そういう言葉で曽我先生は、真実証というものの重い意味を訴えたのです。無明を晴らして、純粋に今を頂く。そこに三世（過去・現在・未来）が、純粋に与えられる。

封建教学が説く浄土はどうしても不純粋になる。死んだらお浄土だ、浄土に生まれてそれから真実証だというのが封建教学です。真実証、その中に説かれる還相回向《げんそうえこう》という問題は考えようともしないし、取り上げると異安心《いあんじん》になるのです。本願寺の伝統の正義の安心は、本願寺教学であり、やはり死後往生です。生きている間は全面的に助からない、死んだら往生だ、そのために今念仏しておいたら必ず浄土に生まれるということが予約される。それが正定聚だという理解です。西本願寺は今でもこれが正義です。そういう考え方に対してそうではないということを言えば異安心で、教団から追放されますから、誰もそれについては触れなかった。敢えてそれに切り込まれたのが曽我量深先生です。欲生心の問題に切り込まれたのです。

真実証というのは今我々が悟りを開くという意味ではない。我々は今信心を獲得するということ、しかし真実証は死んでからという話ではない。

第十八願成就文《じょうじゅもん》「願生彼国　即得往生」と第十一願成就文「生彼国者　皆悉住於正定之聚」（聖典四四頁）とは重なっている。「かの国に生まるれば」（聖典二八一頁）というのが「証巻」の読み方ですが、「それ衆生あって、かのくにうまれんとするものは」（聖典五三六頁）という意味があるのだと『一念多念文意《いちねんたねんもんい》』では言われています。これは願生の立場で読んでいるのです。得生の立場で読むということと、願生の立場で読むということは、常識的に言えば、時や位が違うように思えます。

しかし本願成就文では、「至心回向　願生彼国　即得往生」です。「即」ということは時を隔てず日を隔てずと親鸞聖人が註をしているように、今この時において「願生彼国　即得往生」なのです。念々に本願の信心に生き、本願の信念に死んで往くのです。その一念の時に浄土の相（願心荘厳）が私どもに教えとして響いてくる。それは、如来の真実が名号を回向して下さっているからなのです。

七、純粋未来、真実証からの呼びかけ

純粋未来は、いまここに不純粋未来の妄念を払って、今の現在の中に未来の意欲を頂く。この道が仏に成るということをはっきりと信じて生きて往くということです。曽我先生の「純粋未来」、安田先生の「真実証」はなかなか難しいので、解《わ》かったというわけにはいかない。解かるということは本願が身につくということで、本願を真に生きるということです。そういう意味で「真実証」というのは我々にとって命ある限りの課題だと言っても良いだろうと思います。

我々は過去の蓄積を受け取り、未来を展望しつつ、現在を生きていますから、過去と未来を孕んだ現在を、我執の妄念の思いを払って本当にいただけるかという課題です。難しい課題ですから直ぐに解かったという訳にはいかないと思いますが、真実信心は如来の本願を信受するということで、その中に常に未来が架かっているということです。未来を失うとそこで停滞してしまい

ます。我々が聞法していくことの中に、願からの呼びかけ、純粋未来からの呼びかけ、真実証からの呼びかけを聞いていくということがあるのです。

第八回　「感の教学」と「言の教学」

一、曽我先生の「感の教学」

年末のこの会はいつも安田理深先生を憶念して、お話をさせていただいています。先生の一面を紹介して、先生に触れていただくご縁になればということで、数年分のお話を、まとめて法蔵館から出版する『親鸞教学』に加えさせていただきました。それに対して何人かの方の反応がありました。清沢先生の文章、難解な曽我先生の思索、論師の風格を持つ安田先生の思索、その間に、一貫したものがないのではないかという疑念を持たれていた方が居られ、一体何処が一貫しているのかという疑問を持っていたけれども、この本を読んで長年の疑問が氷解したと仰って下さいました。

本の題は『親鸞教学』としたのですが、この題は曽我先生が大谷大学の真宗学会から出している雑誌に名づけた名前です。親鸞聖人の思想を広く思想界に打ち出していこうということで名づけられた名前です。近代以降、ヨーロッパの機械文明、思想状況、物質と精神が分化していく二元論的な考え方に対して、厳密にそれを批判するような発言がなかった仏教界の情況において、仏教者が自信喪失していく中で、曽我先生が親鸞聖人の思想は、現代の人間に人生の根本問題を呼びかける大事な思想だということを発信するべく、大谷大学の真宗学科の同人誌であった雑誌『聞思』を、現代の世界に公開しようという願いから付けられた名前でした（一九六一年）。それに因んで今度の本を『親鸞教学』という名前でまとめたものです。私は、浄土真宗の学びは、親鸞の思想信念や言語表現をしっかりと学ぶべきであるという意味で、真宗学を「親鸞教学」として明らかにしようとしたものが、大谷派のいわゆる近代教学なのだ、と思っています。金子大栄師の表現でいうなら、親鸞の学び方で仏教を学ぶというべきかも知れません。

今年度のこの会に頂いたテーマは、「感の教学・言の教学」です。「感の教学」というのは、曽我先生が亡くなってから、曽我教学とは何であるかということを憶念される中で、安田先生が出された言葉です。曽我先生のよく使っていた言葉に、「感応道交《かんのうどうこう》」という言葉があります。これは天台大師の『摩訶止観』に出てくる言葉です。止観の行の中で教えと出遇っていく時、教えが直接に感じられることを天台大師が押さえられた言葉です。曽我先生においては、教えの言葉が先生に出遇うと、死語のような言葉に魂が吹き込まれて、躍動する言葉となって、先生の中で動き出します。経典にもう一回命を吹き込むような思索をされるわけです。そうすると、経典の歴史が伝えてきた宗教心の躍動が、曽我量深先生を通して私どもの所まで響いてきます。そういうことが曽我先生のいう感応道交です。だから安田先生が、曽我先生の教学は「感の教学」だという時の「感」は、単なる感覚的なものを言うのではなく、ちょうど音叉が音叉に響くように、経典がつたえ、歴史上に生きてきた宗教的な体験が、曽我先生を通して現在に蘇ってくるわけです。そういうようなことを「感」という言葉で押さえようとしたのではないかと思います。

「教証」という言葉は、唯識などでは「理証」「教証」と言われ、古い専門用語ですが、曽我先生の用語としては、有名な論文に『体験の教証』（大正六年頃の作品）というのがあります。自分が証明したい思想を教えの言葉によって確認し証明するというのが教証という言葉の一般的な意味ですが、曽我先生がいう「教証」は、伝承されている精神的な宗教体験の事実が呼び起こされてくる証しが教であるということです。その宗教体験が経典の言葉によって証明されることを言っています。経典の中から、自分のいいたいことに都合の良い言葉を見つけてきて引用するというような、普通の学者のやることとは違います。生き生きとした、真に伝えたい宗教的な事実を経典が語っていて、経典を読む者に響いてくるというのが教証です。だから『体験の教証』という文章ですごいことを言っているのです。曽我先生が一九七一年に亡くなってから、安田先生（七十歳過ぎ）は『曽我量深選集』を克明に読み返していまして、曽我量深先生を憶念しながら、随想ノートの中に何回も曽我先生について書いていています（『安田理深選集』別巻、四巻）。曽我先生の思索に鼓舞され、感応道交を呼び起こしながら、思索を続けている跡がよく分かります。『体験の教証』の言葉もその中にいくつか出てきています。

二、自分にとっての如来の還相回向とは

この中で還相回向《げんそうえこう》というのは、自己の信心の歴史的背景であるということが言われています。

自分にとっての善知識の教えは、自分の還相回向であるというような表現もあります。往相回向も還相回向も自分がするものだという通俗的了解が横行している中にあって、曽我先生は、親鸞聖人のこの言葉の使い方は、往還二回向ともに如来の回向である、そのことをもう一度はっきりさせようとしています。如来の回向の往相は、我にあっては行信である。通俗的理解は、回向の行信によって自分たちが浄土へ往くのが往相だと考える。だから、還相回向は、自分が浄土に行って、それから帰ってきて自分が教化などをすることだという理解になります。ところが人間が他の人間に何かをするという発想は、聖道門の利他《りた》の発想です。

親鸞聖人の本願力回向に出遇うという思想からすれば、そうではなくて、如来が衆生に用《はたら》くときの利他回向の用き方に二つの相があるということである、そのことを曽我先生が押さえ直しています。自分が獲《え》ている回向の信心の内面に如来回向の往相も還相もあるということを外さずに、一体自分にとって如来の還相回向が何であるかを考えようとされたのが曽我先生です。善導に「無人空迥《くうぎょう》の沢」という言葉がありますが、まさにそういう孤独状況の中で、誰も考えていないし分かってもくれない中で、ただ一人親鸞聖人と対面しながら、往還二回向ということがらを考えようとしています。

真宗の教団は、明治維新以降、「真宗」あるいは「浄土真宗」を名乗ったのですが、真宗門徒の集まりの中で一緒に共同的に聞法するという甘えの中で、信仰内容が図式的閉鎖的になっていました。それに対して、曽我先生は自己一人の上に真に法蔵願心がどのような形で響くのかということを思索しておられます。安田先生はIndividuum(個人、固体)として教を聞くということを、悪戦苦闘の中で、身をもって試みたということが、曽我先生の本領であると言われていました。清沢先生は、『歎異抄』『エピクテタス語録』『阿含経《あごん》』を自己の三部経として、これによって求道心の糧として他力の信心に出遇うことをIndividuumとして試みたわけです。この人生において他力の信心を持たないなら、真に人間になること、人生を尽くすことすら出来ないという信仰の事実を、近代において確認したのが清沢先生です。

その清沢先生との出遇いの重みを念々に感じて、曽我先生は、経典の持っている言葉の背景に、如来の回向が還相として来、その還相回向が我々に用くと言われます。つまり、如来の還相回向が我に表現して、親鸞聖人として、七祖としてつまり本願の歴史となって、用くのだ。我が思いを超えて、還相の如来の願いが、我が前に宗祖となって現れるのだというように思索しておられます。

三、安田先生の「言の教学」

安田先生は、若くしてキリスト教に触れ、また禅に触れ、道元の『正法眼蔵』を愛読しておられます。また出家して禅僧として生きようと思ったこともあったそうです。それが機縁熟して十代の終わりに金子大栄先生の『仏教概論』（岩波書店）を読まれて、京都に出られ金子先生、曽我先生に触れて、親鸞聖人の教えに帰しています。安田先生の思索の特徴は、厳密な言葉に対する吟味です。

六十歳の時にティリッヒ（一八八六〜一九六五　ドイツのプロテスタント神学者）に出遇って対論したことが大きな縁になって、それ以降、思想的対話の持つ意味というテーマを確認していかれます。今回のテーマの「言の教学」とは、親鸞の思想信念の中心が名号であることを、「言の教学」という表現で思索されたのです。このティリッヒとの対談の時に、「名は単に名にあらず」という言葉が出たようです。この言葉をティリッヒが短冊に四カ国語で書いて下さいました。英語では〝A name but not a name alone〟です。「こんぽんごん」と発音して、「根本言」としての言葉を持つことが、親鸞聖人の信念であるということを明らかにしようとされています。

曽我先生は経典が生きて思索しているというイメージなのですが、安田先生の場合は論師が生きておられるという実感です。奈良の興福寺に、無着菩薩と世親菩薩の像がありますが、その無着菩薩の像が安田先生の面影に似ています。先生にはそのような論師としての思索の背景に宗教的意欲としての願心がありました。我々は普通、煩悩にまみれて真の願が自覚されない状態で生きています。『大無量寿経』の教えを通すことによって、その願が、上に積もった埃《ほこり》が洗い流されて、清浄願心《しょうじょうがんしん》として自覚されます。そういうようなことを厳密に思索していかれたのです。

四、宗教体験を言葉を通して吟味する

安田先生が森有正さん（一九一一～一九七六、哲学者・仏文学者）のことを褒めて、森さんは非常に言葉の定義が厳しい人で、言葉をきちんと定義して意味を明確にして考察しているということを言われていました。安田理深先生は、宗教体験というものを、言葉を通して吟味することに一生の情熱を懸けたと言っても過言ではありません。宗教体験それ自身なら坐禅でも十分であるけれども、宗教体験が時代とぶつかって、時代の思想、時代の苦悩を潜《くぐ》ったときに、（宗教的な）言葉が、時代の問題と切り結ぶには、禅では物足りなかった。自分は宗教体験が駄目だから禅を捨てたのではない、ただ時代を潜って言葉を吟味することに対して、禅はいつまでも古い言葉にしがみついて新しい思想とぶつかろうとしないということを仰っていました。なるほど公案のような禅語の持つ力強さと、鈴木大拙師のような方の語る分別を破った禅体験は、私どもでも少しは感じられますが、人間業である苦悩の営みを歴史社会や時代関心と共に歩み、機械文明、科学文明によって人間が人間を失っていく状況に対して、ただ坐禅して宗教体験に浸るというようなことでは済まないということではないかと思うのです。

安田先生という方は、人間の悲しみ、苦しみに対して、人間の本質として座視して見過ごすことができない質の人であり、親鸞の教えに親しさを見出したのではないかと思います。先生は

早熟で十代の始めの頃に親鸞聖人のものを読んでいて、すでに親鸞聖人に引かれるものを持っていたようです。明治の頃の人は基礎教養に漢籍の素養があって、曽我先生も「四書五経」のような儒教や道教に加えて仏教の思想を幼い頃から読んでおられたようです。漢籍のみの教養ですから、ある意味で狭いけれど、思想は深かった。しかし安田先生の時代（明治末期から大正時代―一九〇〇～一九二〇―）になると、ヨーロッパの文明を咀嚼《そしゃく》した上で、日本語で思想する時代に入っていますから、欧米から来る新しい思想に対する焦りのようなものがあって、先生は非常に読書欲が旺盛だったようです。若い頃に自分の中で、一日一冊を読もうという誓いを立てて、随分続けたということをお聞きしたことがあります。若い頃は寝る間も惜しんで本を読んだそうです。その頃結核を患っているようですが、病気を自覚せずに勉強しながら結核を克服しています。それが六十歳を過ぎてから老人性結核として再発しました。

五、安田先生の独学と思索

安田先生は、自分では曽我先生のように信心一つで生きたいと思ってもできずに、思想の誘惑に振り回された、と言われていました。これはある意味で不安であり、信仰の立場からすれば迷いであると思うけれども、止められない。思想の誘惑というものを受けて自分は教学を自分なりに生きようとしたけれど、それに疲れ果てたと仰っていました。曽我先生はある時点で筆を折って、自分は文筆活動を止めると言って、その時点から読書も止めて、安田先生が「赤表紙と新聞」という文章を書いていますが、曽我先生は何処に行くにも聖典一つで、新しい思索の材料は新聞のみだったようです。それでも青々とした若々しい情熱を一生持続しています。それは菩提心に裏付けられて、四十歳で亡くなられた清沢先生の面影がいつも曽我先生と共にあったからではないでしょうか。

曽我先生の思索活動は経典が生きて歩むような雰囲気を持っていました。それに対して安田先生は、日本語の中に自分の哲学的思索を言い当てる言葉を探し続けて、厳密に哲学的思索を生涯とり続けました。曽我先生は生きた詩人のようなところがあり、先生の思索そのものが概念詩だったのです。安田先生も書棚には、『島木赤彦全集』のような詩人の全集がありました。詩への憧れを持ち続けていたのでしょう。先生自身の文章は、詩的な感覚もありますけれど、非常に哲学的思索の強い表現です。しかし曽我先生のように文章がそのまま詩であるというものではありません。安田先生は若い頃から、西田幾多郎の影響も色濃く受けているのではないかと思います。しかし、それに止まらず『成唯識論』及びその注釈書を含めて、『三十頌唯識論』を繰り返して読み込み、自分の思索の材料にしながら、生きた信仰の思索を続けています。

私は安井広済という大谷大学教授の仏教学者宅に五年ほど下宿させていただいていたのですが、安井さんも若い頃には安田先生のものが好きで「相応学舎」に出入りしたそうです。しかし、安田先生を身近に見て自分はこの先生のようにはなれないと見切りをつけて学者の道を選んだ、と言っていました。その安井さんが、安田先生の不思議な魅力について「あの人は、ちょっと真似の出来ない人だ。あんな思索は、勉強したから出来るというものではない」と言っておられました。そういう点で安田先生には直感力もあるのですが、その直感力に頼らずに、言葉に対する厳密な情熱を持って、その言葉をドイツ語に照らしながら思索しておられます。

安田先生は教育課程をほとんど踏んでいません。キリスト教の幼稚園で宗教的素養を養われて、小学校は鳥取で卒業していますが、中学はきちんと出ていないようです。まして高校には入っていません。家が破産して貧乏だったということもありますし、そんなまだるっこしい勉強などしたくない、もっぱら自分の好きな宗教的なものを読みこなしていきたいという情熱を持っていたようです。二十代の始めに大谷大学の専科を経て、本科に入りましたが、本格的な外国語の勉強を先生に付いてすることはしていません。もっぱら独学です。ですから、先生のドイツ語の綴りや発音は独特の癖があります。仏教用語についても、法相教学の発音など気にせずに、自分流の読み方をしています。けれど言葉の持つ思想的な意味に対する直感力と、猛烈な思想的要求による読書によって、すごい量の文献を読んでいます。

六、先生に出遇ったときの感動

西田幾多郎氏は、外国語の文献を斜め読みしながら思想の材料を求めて行ったといわれているのですが、一々辞書を引いて文脈を尋ねていくという読み方ではなくて、さっと見てそこにどういう思想が語られているのかを即座に感覚するという読み方で、安田先生もそれに近いような読み方だったようです。しかしドイツ語文献を専門にする哲学者もびっくりするほど正確に思想家の本質を把握しています。そういう読み方をして、現代の思想の中心課題を掘り当てています。そうせずにはおれないというものに突き動かされて、思想を追求していたわけです。

私にとっては、始めの頃の安田先生（一九六〇年代）の印象は、自分勝手に、好き勝手にやっているように見えました。奥様も先生をずっとそのように見ていたようです。表から見たらそういうふうに見えたのですが、内賢外愚ということがあるように、内の菩提心がそうせずにはいられないという形で思想を尋ねています。学生や聞法者が先生に出遇ったときに受ける感動は、決して好き勝手に生きている人間の持つ我儘ではありません。先生自身は悶えるようにして、脅迫されるようにして、思想の問題に取り組んでいましたから、その迫力というものが我々を勇気づけて下さったのではないかと思います。

宗教に出遇って生きて下さった先輩方、いわゆる諸仏・諸菩薩が本願の伝統を伝え、それに勇気づけられて、経典の言葉が決して死語が連ねられているのではなく、真に生きて躍動する精神を伝えているものであることを教えられます。その一端を味わうことが出来ることを有り難く思っています。

第九回　宗教的情熱

～安田理深の示した方向性～

一、誕生日を祝うということ

今年（一九九九年）は大変暗い一年でした。世の中はだんだん暗くなってくるようですが、私の近いところでも身近な方が亡くなられて、まさに世紀末と言われているとおりに、世の中が沈んでいくようないやな年でした。

思い起こせば、安田先生は一九〇〇年（明治三十三年）の生まれです。しかし、仏教は生死の苦悩と言って、苦悩の命を頂くということですから、生まれたことをことさらに記念するということはしません。お釈迦様が生まれたのは、四月八日で花祭りとして祝いますが、これも含めて一般の方の誕生日祝いを盛んに言うようになったのは、キリスト教の影響でしょう。仏教では亡くなった命に対して、命日を期し、合掌し、生かされていることの感謝の思いを新たにします。人間が有限であり、亡くなっていくことをいつも思い起こすような行事が大切にされてきました。ところが、最近では生まれたことを記念して賑やかに誕生日のお祝いをします。そして生活感覚の中で、人の死を通して命を見つめ直すということを忘れさせ、死を覆い隠すようになっています。とくに商業ジャーナリズムによって、人の死さえもすべてが物に還元されるような、形式的、儀式的、行事的で、軽薄な文明になっています。

清沢先生については一九六四年に生誕百年のお祝いをした記憶があります。それ以外は生誕ということをあまり聞いたことがありませんが、そういえば安田先生は一九〇〇年の御誕生だったことを思い出しました。ちょうど一九〇〇年に生まれて、八十二歳の生涯を送られました。当時としては大分高齢（三十八歳）になられてから縁あって結婚された梅奥様が、安田先生より三歳年上と聞いていましたが、この年の暮れの挨拶に伺った時に梅奥様は「もうじき百三歳になる」と仰っていました。体は弱って、目も不自由になり、耳も遠くなったとのことですが、この間、私が名古屋御坊で話した内容を本にしたことを、梅奥様は大変喜んで下さいました。信仰に対する情熱は衰えておらず、若い人たちが真剣に信仰を求めて欲しいという願いを持ち続けておられます。

二、先生の宗教遍歴

安田先生は在家の出身で、縁が深かったのは禅宗です（家の宗教も禅宗だったのではないかと思います）。兵庫県の山奥の庄屋の家筋だったのですが、家が没落して、鳥取に出て、親戚の家で兄弟一緒に世話になりながら、キリスト教系の幼稚園に入れてもらったとのことです。明治時代に鳥取のような地方都市にまでキリスト教が入って、幼稚園を開いていたということは、キリスト教の宣教の情熱はすごいものだと思います。そのような時代に安田先生は、キリスト教系の幼稚園に入ったわけです。その後、物心がついてからは禅寺に入って、禅の修行をされました。さらに縁があって、十九歳で金子先生の『仏教概論』（岩波書店刊）に触れて感動し、京都に出て来て、真宗大谷派に縁を結ばれたのです。このように安田先生は、全く異質の宗教を経巡る経験をしてから、浄土真宗に触れたわけです。

三、思想の自由

安田先生は、徒弟時代が大事なのだとよく言っていました。『華厳経』の善財童子《ぜんざいどうじ》は、師を求めて「遍歴」するのですが、その「遍歴」ということが人間にとって大事だと言われるのです。安田先生は、学生生活は思想遍歴の時代なので、その時代にしっかりと勉強せよと言っておられました。この安田先生の宗教的遍歴が一生を通じて、先生の思想の自由をもたらしています。お坊さんの学問は、派閥的で狭いから駄目だということを言っておられました。最初から宗派の立場で物を見てしまう固執から解放されにくいのです。自分の派が絶対になり、他の宗派、宗教を敵とみなしてしまうのです。曽我先生にも、耶蘇教《やそきょう》という言葉が出てきます。耶蘇教と言うのは外国の宗教であり、敵国の宗教だとして貶しめるニュアンスをもった言葉です。どれだけ直感的に深いことを考えている曽我先生にたいしても、安田先生は厳しく「耶蘇教という言葉を出すことは教養が低く狭い」と言っていました。

安田先生が親鸞に触れたのは、禅の修行時代だということを先生自身が言っておられました。

しかし、具体的には、金子先生のもとで、大谷大学で学び始めてから、真宗に深く入って行かれたようです。けれど、思想に対する関心は広く、晩年にいたるまで哲学書を離しませんでした。七十歳を過ぎてから入れ歯になり、強い眼鏡をかけて、もごもごしながら話していましたが、その時に冗談半分で言っておられました。それは曽我先生の所に行った時のことです。安田先生の歯が無くなっていたので、「もうそろそろ哲学書は止めたらどうか」と言われたと言って、私に対して「曽我さんは、そう言うけど、わしはそういうわけにはいかんのや」と言って笑っておられました。また、「思想の誘惑」ということをいつも感じるとも言われていました。自分はいつも思想を背負っているような感じがしていて、哲学を背景にして勉強をしているのだと。晩年に老人性肺結核になった頃に、「思想の誘惑に走り回されてくたびれた」というようなことを話しておられました。

四、「遊び」と「仕事」

浄土に触れた菩薩には、自分を超えて阿弥陀の力が主体となって、どこに往っても阿弥陀如来の力が用《はたら》いてくる。その阿弥陀の力をもって真に用くことが出来る。天親菩薩の『浄土論』の第五功徳門はこのことを語るのでしょうが、それを解釈して、曇鸞大師は還相回向と言います。そのところを親鸞聖人は「遊煩悩林現神通」と『正信偈《しょうしんげ》』に表され、「煩悩の林に遊ぶ」と偈《うた》われております。

普通「遊ぶ」ということは、「仕事」に相対して言います。仕事には生活上、社会上の義務感、責任感というものがあります。「シジフォスの神話」にもありますように、神に背いた罰で、大きな丸い石を山裾から頂上まで上げるけれども、石は転がり落ちてしまう。それを繰り返す命令が与えられる。何回も何回も繰り返し、いくらやっても繰り返すだけで、その意味が見出せない。それを比喩として、シジフォスの悲哀が人間の「仕事」に付いている。意味の見出せないのが人間の労働だという話です。労働の「労」は浪費する、煩《わずら》うという意味があり、だから働くことは、自我が使役されるというようなニュアンスがあります。人間をくたびれさせるものです。聖書の世界ではアダムとイブが知恵の実を食べた罪として楽園より追放される。楽園より追放されるということは外で労働するということです。苦労の始まりです。それに対して、「遊ぶ」ということは楽しく自分が解放され、存在の意味が回復されることを言います。

ところが菩薩道にあってはそうではなくて、自我があっては出来ないので、自我を克服したときに初めて本当の仕事が出来る。その本当の仕事こそ「遊び」だと言われます。「労働」と「仕事」の思想の違いは、西洋（キリスト教世界）と東洋（特に日本）の認識の相違だと思います。

明治生まれの人の中には、自分は「遊び」を知らない、仕事が自分にとって一番の楽しみだと言う人が大勢いました。いわゆる使命感とか、生活の糧とかいうことを超えて、仕事をすることが人生になる。辛い徒弟時代を経て、口過ぎをして、それをこえると全てが人生になるわけです。このように仕事が遊びになるのが職人の人生だったのです。近代文明は、能率のために仕事を分化、分離することによって人は仕事・労働の、全体の一部分だけを分担する。つまり、人間が機械の歯車になって一部分だけを担うことになり、人生を賭けるような意味は見えなくなります。だから仕事・労働はますます人生の浪費に過ぎなくなります。

五、菩薩道の第七地から第八地へ

それに対して、仏道では真の寿《いのち》は「遊ぶ」というところにあると見ます。ただその「遊び」は菩薩の最高の位で、第八地以上の位で初めて出来るとされています。第七地までは、六波羅蜜《はらみつ》の行に当たる内容が展開されています。『華厳経』「十地品《ほん》」の第六地の処に「悟り」が説かれています。現前地といわれて「悟り」が現前するということです。その第六地に、「三界はただ一心の作《さ》である」とある。あらゆる存在は、一心の作《なす》ところである、という言葉があります。菩薩道では、その六地を超えた処に第七地が置かれています。第六現前地で智慧が開かれると、そこから方便波羅蜜が展開されます。「方便」というのは「他」という問題です。

菩薩道というのは、自我を立ててしか生きられない人間関係の中にあって、しかも自我を克服して行くという課題を提起しています。たとえば「布施」の場合、人に何かを与えるのですが、自我と他我という意識が残っては真の布施にはなりません。自分が何かを貴方に与えてしまったという心が人間を汚すわけです。貰った人もあの人から貰ったという引け目が残るようでは真に布施を受けたことにはなりません。布施は自と他があって成り立つのですが、真の布施は自他の意識を破らなければいけません。六波羅蜜すべては、人間の中にあって人間が自我を克服するという困難至極な課題を背負うわけです。

菩薩道は、大乗の課題ですから、始めから「他」があります。第六現前地で、他も含めて全ては一心の作となり、そこからもう一回、出て行くところに「方便」という課題が出てきます。第七地は「他」を真に包むという課題です。経典を読んでいると、七地から八地以上には七地の課題を通過すれば往けるように書いてあります。けれど曇鸞大師は、七地には沈空《ちんぐう》の難《なん》があり、それから上には往けないと考えています。第六地で智慧を得て、自我を克服した、一切は空である、となったら空に沈んでしまう。何にもならないなら、何もする必要がない。苦悩に苦しんでいるのは妄念に過ぎないとなったら、生きている意味がない。その沈空を如何にして出るかは困難至極です。一旦悟ってしまうとそこから出られなくなります。これを超えて初めて、真に人との関係が持てるようになるというわけです。

これが第八地で、「任運無功用《にんぬんむくゆう》」と言われています。良いことをした、悪いことをしたという思いが完全に無くなることです。

キリスト教で言えば「野のユリのように生きよ」「空の鳥のように飛べ」ということです。薫り高く咲いて、咲いたという意識を残さないということです。行為をしても、行為をしたことに執着を残さないのが無功用です。これは我執があっては出来ないことです。曇鸞大師が言う「沈空」は、それを乗り越えることが困難であり、人間の限界を教えていることを示しています。六地までは努力したら往けるけれども、八地から上には、人間の努力では往けないということです。龍樹菩薩も天親菩薩も、阿弥陀の浄土を願生《がんしょう》されたということは、本願力を仰いで、自然法爾《じねんほうに》の用きを真に我が用きとしようとされたということです。人間は頑張るか、草臥《くたび》れてやめるかどちらかです。頑張り心なくして、しかも無限に用けるということは出来ません。だから八地以上は、仏が菩薩の仕事をしに衆生の処に下りて来るのだ、と言われます。安田先生は、「遊ぶ」ということは、本当は人間には出来ないと言っておられました。

六、先生と唯識

安田先生は、縁あってキリスト教に触れ、禅に触れた。さらにそこに止まらずに浄土真宗に触れて、浄土真宗の教えに帰して一生涯を聞法求道の人として生きられました。しかし、先生は一代、唯識の仏教の思想的な課題を離しませんでした。相応学舎でずっと唯識を講義し、普通なら、学者が学問の課題にするような『摂大乗論《しょうだいじょうろん》』を持って行って、金沢の聞法会で話し続けておられました。『摂大乗論』には釈論がありますが、その釈論を通して『摂大乗論』を延々と講義されています。曽我先生は心配して、「もうその辺で、念仏一つにしたらどうか」と言われたそうです。安田先生は頑として生涯「唯識」を離しませんでした。だから安田先生には「唯識派だ」、「聖道門だ」という非難が晩年までありましたけれど、生半可に「唯識」と「念仏」をくっつけることはしませんでした。直門の仲野良俊さんも「念仏を説いている安田先生」と「瑜伽《ゆが》を説いている安田先生」を違うように見ていて、瑜伽で悟りを得たように見ていたようです。しかし、唯識を通して厳密に意識を分析して行くということは先生の一つの課題であったけれども、信念自身は本願の信心です。ただ安田先生においてはその信じる意識を厳密に解明するのが唯識の思想だったのではないかと思います。安田先生は、どうしていつまでもそんなに情熱が湧くのかと、聞いている私たちには疑問に思えるほど、晩年まで相応学舎の講義は『唯識論』でした。

先生が思索し、語る言葉は、哲学の言葉であったり、サンスクリット語だったりドイツ語や英語だったりしました。しかもほとんど独学ですから、それは考えられないほどの情熱と努力があったのではないかと思います。『華厳経』の因位の菩提心が、あらゆる思想に真理を探って求めて往くようなものです。けれど安田先生の魅力は、いわゆる東大や京大の宗教学や哲学の教授陣が語るような、何でも知っていてあれもこれもという話ではなく、いつも人間にとっての大事な課題と結びついた、求道的で思想的な課題を考えていたということです。中村元先生（真宗門徒だそうですが）は仏教については何でも知っている方ですが、安田先生の思索はそういう何でも知っているという処から出て来た発想ではありません。幼い頃から苦悩の人生を受けて、真に人生を乗り越えたいという究極的な関心を持ち続けて歩んでおられたのだと思います。その要求が様々な課題とぶつかって格闘するわけです。安田先生の言葉で言えば「思想的誘惑」を感じながら、世界の思想と戦いながら、自分の主体を叩き上げて往くわけです。閉鎖的になって自分の中に閉じこもり、安全を守るような宗教心ではありません。元々は在家の出身ですから、経済関心、政治関心も強くあったはずでしたが、それを乗り越えて宗教的要求を追求しておられました。

七、人間の根本問題から離れなかった先生

安田先生は、曽我先生の講義の仕方を「赤表紙と新聞」と言っていました。赤は「朱」です。中国の建物の柱は朱で塗られていました。朱は水銀ですから腐らない、虫が食わない。経典のように永遠に続くような事実を象徴した色です。本の表紙が朱であるのは聖教《しょうぎょう》（スートラ）です。それに対して毎日消えて行ってしまう世間の事象を扱うのが新聞で、その赤表紙と新聞の間で曽我先生は思索したということです。単に赤表紙だけに閉じこもれば、赤表紙の大切さも死んでしまう。それでは封建教学になってしまう。また、新聞に流されてしまえば百科全書派です。中村元先生は、「比較宗教学会」を作ったのですが、学問関心からはそれも良いのですが、菩提心か

らすれば一番大切な自分自身が雲散霧消してしまいます。自己以外のことばかりやっている学問が近代科学ですが、そこには人間の根本問題は忘れられています。

それに対して安田先生は、根本問題を離れなかったのです。宗教を主体的に求めるということは、我執からの解放の問題です。我執による苦悩が、我執を破るべく歩ませるわけです。自己の外のことばかりやっているのでは自我の問題に目覚めるということはありません。宗教ですらありません。我執に苦しむから、宗教問題が私たちにとって大事な問題になるのです。我執を破るべく、世界の思想と対峙しつつ、しかし、決して自我の問題を忘れない。自我を解放しないような問題は、敢えてそれを切って捨てて元に戻っています。

安田先生は、本が好きでお布施が入れば全て本になってしまうのですが、本屋に行くと本だけでなく、いろいろなことを観察していました。「この頃は駄目になった、いい本の前に人が立たない」、たまにいるのが女性だった時は「これからは女性の時代だ」と言っていました。雑誌なども色々見ていたそうです。先生の関心は、時代の問題に対して敏感でした。しかし、時代に流されるようなことはありませんでした。第二次大戦（昭和七年から昭和二〇年に至る太平洋戦争）のまっただ中にも、ほとんど戦争用語を思想の表現に使っていません。それに比べて同時代の学者で東大教授になった宮本正尊《しょうそん》という人の本は、今、見てみると大時代的な言葉の羅列です。そこには永遠の課題がありません。その時々に流されているからです。単に流されていくのは、その時代状況においていかにはやっても、表層的、皮相的事象に漂っていることでしょう。

八、「精神生活が停滞していないか」

大菩薩のみが「遊ぶ」ことが出来るというのは、大菩薩は無我でありながら自己を失ってはいないからです。人間は妥協すれば自己を失うし、自我を立てれば相手を拒否することになります。菩薩道は、自我を立てずに、相手に自己を開きながら、しかも自分を失わない道を求めるので、困難至極ですが、これが実は仏教が開く大事な方向性です。出来るか出来ないかという問題ではありません。そうでなければ人間は自由になれません。化身土というのは、信仰の中に埋没し、真理の閉鎖性に埋没してしまうことです。

菩薩道に身を置いて、一代生き続けようとした人が、安田理深先生です。先生自身に疲れ果てたと言わしめるほど大変な仕事だったのでしょう。それが菩提心というものでしょう。真似の出来るものではありませんが、私たちはいつもそういう大切な課題を憶念して、自分のあり方を批判されることが大切だと思うのです。安田先生は「精神生活が停滞していないか」とよく言われておりました。思想であろうと、信仰であろうと、世間生活であろうと、停滞したら死んで行きます。また、単に流されて行けば自己を失います。

一点に立ちながら、流れ行く時代、あるいは動いて行く社会問題に目をそらさない力、一旦根源に触れて初めて与えられるような力、それを親鸞聖人は如来回向の往相・還相の力として戴かれた、それが真実信心ということだと思うのです。だから私たちは念仏を出発点として、止まることなく歩むということです。限りなく自己を批判し、思想を批判し、社会の不実を批判し続けていくわけです。円満な信などありません。円満ということはある意味で閉じこもったということです。円満がないということは信仰が歩んでいるということです。円満は如来だけにあるのです。こういうことが、安田先生が私たちに呼びかけ、私たちが引き受けるべき方向性ではないかと思います。

（「師・安田理深論」おわり）

わが師　安田理深の道

内観の大菩提心

安田理深先生は、一九〇〇（明治三十三）年、兵庫県湯村温泉郷から深く山峡へ入った村落の庄屋の家系の後継者として生を享けられた。しかし幼少のころ、家に不幸が続き、先生は鳥取の街中で成長された。キリスト教系の幼稚園に入り、そのころからすでに宗教に強い興味を持たれたといわれる。十代の半ばに、禅の道に入門し、戒名まで受けられたが、一九一九（大正八）年、金子大栄先生の「仏教概論」が岩波書店から刊行されるや、いち早くそれを読まれ、それを契機にして、数年後には京都にある真宗大谷大学に遊学を決定される。先生のはげしい究極的関心が、近代的思惟の香り豊かな「仏教概論」に触発されて、先生の生涯を決定する道を選び取らしめることとなったのである。

先生の思索の一生を貫く根本関心には、唯識思想が深く関わっている。晩年に至るまで、先生は倦むことなく日本全国に講義に出られたが、テキストを「摂大乗論」やその釈論、そして「唯識三十頌」等を選んで、毎年連続して講義されることが多かった。京都での学生を中心とする先生の私塾「相応学舎」においても、五十年近くにわたって、「唯識三十頌」が繰り返し講義せられた。

金子先生との縁で大谷大学に来られた先生は、その後、曽我量深先生が京都に来られて（大正十四年）からは、曽我先生に私淑し、いわゆる曽我教学の継承者と目されるようになられたのである。けれども、先生の瑜伽唯識思想との出遇いは、一般に考えられているように曽我唯識を初縁とするものではない。先生御自身、自分の唯識との出遇いは、曽我先生との出遇い以前であって、初めて唯識の論書を読んだときに、「ああ自分の求めるものはこれだ」といういわば宿縁のようなものを感じたということを語っておられた。そして、唯識思想のもつあの厳密な法相の分析（存在論的人間分析）に対する情熱について、北陸山陰に共通する日本海気候の冬の暗欝な気分からくる南国に対するロマンティッシュな憧憬が、その根底にあるといわれていた。そこに南国の明るい土壌そのものからでは生まれない、雪国の曇天下で育醸された明晰判明なるものへの根元的願望と、唯識思想が見つめている飽くなき自我関心の分析とが値遇したのであろうかと拝察する。解脱涅槃への希求が、「虚妄分別は有なり」（中辺分別論）という厳粛な迷妄性の事実の自覚的認識の下に、妄念の構造を分析的に解明して、虚妄分別の実相を判然と見抜かずんば止まない志願となるのであろう。

親鸞と唯識

安田先生における唯識思想の探求は、こうして菩提心が要求する人間の実相の解明、そして、解明された実相を照らす智恵、その内容たる大涅槃の智恵、すなわち「生死即涅槃」なる解放された生命への飽くなき追求である。単なる古代思想に対する文献的興味や、思想史的関心ではなく、無着・世親という個人的人格に対する人間的・思想的興味でもない。唯識観という大乗仏道が見出した存在の内観的自覚への方法を通して、存在の根元的事実とその根元性の成立根拠を明白にせんとするのである。錯綜せる迷妄の意識現象を、その現象に即しつつ諦観していく唯識観の立場は、いうまでもなくいわゆる聖道仏教の方法論である。静かにして澄明なる三昧のなかでする瞑想的思惟によって、迷妄性を反省内観していくことなしには、「虚妄分別有」なる人間実存の徹底的批判は生まれないであろう。「唯識論」はいうまでもなく、単なる哲学的思弁の書ではない。仏教が見出した人間苦悩の実存を解明する智恵を獲得せんがための、実践的修道の方法としての止観行の内容である。因縁所生の存在の実相を、苦果の事実の諦観から迷妄の根元たる無明にまで遡源して、判然と十二縁起として自覚自証された釈尊の教えを、現前の自己の迷妄の事実を離れずしていかに主体化しうるのか。「摂論」の所説によれば、十二縁起が分別愛非愛縁起として作者・受者に執するものに無我の真理を明らかにする縁起であるのに対し、阿頼耶縁起は分別自性縁起であって、存在の根本原因、第一原因というものを実体的なものに求める誤りを正す縁起であるという。先生は、求道心の内観の行によって、個としての実存、すなわち阿頼耶識の自覚を通して、永劫の我執たる末那識を抉出し、末那と阿頼耶の分位を明確にすることによって、我執と真の主体との分位を明らかにしようとされたのではないか。また個として実存する苦悩の身を、「空」なる抽象的否定的思惟によって忘失することなく、主我的思考が一般化した現代状況の中で、真の自己を解明する道理を確かめていかれたのではないかと思う。すなわち無我であるままに、宿業所生の実存を生きる主体とは何か、我執を離れえぬ罪障深き人間存在にとって、無我とはいかにして自覚化しうるのかという求道の課題の解明に当たって、先生にとっては唯識思想は必要不可欠であったに相違ない。

しかし、甚深なる求道の苦闘と、厳しい主体回復の志願が感覚しえない凡庸な学徒たる筆者にとって、先生はいつも謎の人であった。その疑問を今更ここに出すことは、亡き先生に対する冒瀆であるとも思われるのであるが、私と同じような疑念をもつ若い学徒に何らかの助縁ともなるかとも思われるので、あえてここに提出して少しく考えてみたいと思う。

その第一は、曽我量深に師事し、清沢満之の求道に感応した安田先生にとって、親鸞は恐らくその宗教体験の根幹に関わる教示を与えた人であったに相違ない。けれども、その親鸞の本願他力の思想においては、「定心修し難し、息慮凝心の故に」（化巻）として、自力修道の止観行を廃しているが、これは止観の行によって唯識観を成就せんとする法相の学とは矛盾しないものなのか。自力を棄てて他力に帰した親鸞の思想と、先生が宿縁として感受された唯識観とに、素人が感ずる矛盾をどう理解したらよいのかということである。これは愚生が学生時代に、宗教的な信念、人生の根本的解決の信念が欲しいと焦慮していたころ、先生の諄諄として倦まざる「唯識論」の講義に感じた素朴な疑問であった。親鸞は「ただ念仏のみぞまことにておわします」と単純明快に信念を表白している。宗教的生は、かく単純であるべきではないかという憧憬がある。

しかしその単純明快さに全身を託しえない疑惑深き身にとっては、悠然として迷妄性を実存的に分析し明晰にしていかねば止まない先生の姿は、「得道の人」として信順せずにはおかせぬ威厳があった。

先生は還暦のころ（昭和三十五年）、世界的に著名な神学者ティリッヒと会談された。その後「名は単に名にあらず」と題して還暦記念講演をされ、さらに「言の教学」の名の下に講演をされている。これらは本願の名号が、人間にとって唯一の帰依所であり、また根元的な人間開放の行である必然性を思索された、先生の親鸞教学の学びの独自なる表現である。しかして、先生は縁あって結ばれた真宗大谷派の人々との人間関係の中で、いわば自己の立場（唯識的関心）から一歩を踏みだして、親鸞教学を聞思されたのであろうというような理解をする人もあるのではなかろうか。しかし、聞くところによれば、先生は若き時代、貧窮の生活の中で、先生を慕う大谷大学文学部の学生のために、田舎の寺で寝食を共にされながら親鸞の仮名聖教の講義を何日でもしておられたそうである。そして「言の教学」なるテーマは、すでに昭和二十年代の講義録に見られるものである。そういう意味では、先生の親鸞思想に対する取り組みは決して晩年に深まったというようなことではないと思う。

先生は、幼時を回想して、自分は禅寺によく遊びに行ったりしていて、禅の和尚に仏者を見覚えていたから、浄土教、とくに真宗の寺や僧侶は何か堕落したような不純粋なものと感じていたが、成人して親鸞の思想を原典で読んで誤解だったことを知ったといわれていた。こういう逸話からも、先生の潔癖な宗教的感覚が伺われることである。ちなみに先生は、一生涯いわゆる世務（仕事）に就かれることがなかった。生涯を仏教の学徒として内観思索の道に全情熱を捧げ尽くされたわけである。そういう人であるから、糊口のために親鸞に近づいたのでないことは無論だが、単に他人の要求に応じて親鸞を解釈されたのでも決してないと思う。

先生は、在家の生まれで、求道の縁によって大谷派宗門に帰入された方である。清沢満之がそうであったように、先生には護教的関心がほとんどない。真実の人間実存の解明に資するところある思想のみが、先生の触角にふれうるのである。先生は、「自力というものは破れるのがその本質である。だから自力は無効なのである」と言われる。しかし破れるまで自力を尽くしてみなければそれは実感できない。もし、先生の立場が破れるまで闘う自力の教学ということなら、それは無効が実感される前の努力の範囲にすぎないことになろう。しかし、明らかに自力は破れるのがその本質であると知っている先生は、単に悟るまでの道程として唯識に執されたのではない。唯識思想を自己の一生の課題とされたということは、先生にとって、実存の自覚的認識の方法論として、仏道の因果を貫くものとして、唯識の意識分析が必要だったのではないか。自力とか他力とかいう弁別を越えて、仏道の方法である内観の必然として、自己自身の存在論的分析は先生にとって不可欠であつて、それによって大乗仏道の自証の本来性に立ちえたのではないか。

「救済と自証」という主題を探求された曽我先生の仕事を承けて、先生は自証以外に人間の真の救済はない、仏教が人類に与えた恵みは、内観的自証という方法であると言われるからである。

一方、先生はよく、ライプニッツの「モナドロギー」にいわれる「窓のないモナド」にちなんで、人間は窓のあるモナドであると言われた。不離識なる存在、意識の事実を生きる存在として、その意識の事実そのものは確かに一個の人間の処に、他に代替できない現実として有る「唯有識」であるけれども、その意識が唯一の有なのではない。意識の事実は無数の人の処にある。縁にふれて意識と意識が作用しあい、共業の所感として時代社会を共に呼吸する。したがって個は個でありつつ、他個と関係する。そこに「窓がある」ということがいわれる。しかし仏法の眼からすれば、無明の闇の中で流転の意識が現象することのみでは「有窓」とはいえない。お互いに閉ざされた独善的意識の内で夢を見、自分勝手に他個を了解して、正にライプニッツの窓なきモナドの感が深いからである。そういう苦悩の人間存在の真の解放は、その迷妄性を根源的に否定してくる涅槃のはたらき、涅槃の側から発起するような自証以外にない。阿頼耶識を依止とする迷没の六識を転回しうる可能根拠は、迷妄の意識の根拠としての阿頼耶識の中に求めることはできない。先生が「窓のあるモナド」と言われたことの真意は解し難いが、有漏なる経験と無漏の種子について次のようなことを言われていた。

「成唯識論」には、法爾無漏種子は阿頼耶識に「依附」するといわれ、「依止」するとはいわれていない。これは、迷いの意識の根拠としての阿頼耶識に対して、無漏の経験とはそれを破るものであるからである。自己を否定する根拠、自己を対治する種子を自己が即自的に有するとはいえない。しかし、自己の外に外境としていかなるものも立てない唯識（不離識）の立場において、意識の本来性（円成実性）には本来清浄なる大涅槃が獲得せられてくるのであるから、阿頼耶識を超えて阿頼耶識を置いているような清浄性として、超越せるものとして、内在の中に依り所を置かざるを得ない。超越せるものを自覚しうる根拠自身も、内在に対しては否定を通しながらも、やはり内在に依るしかない。その超越内在ということを「依附」というのであろうといわれていた。

迷没の凡愚が、生死苦悩の生存の事実を常没常流転であるとうなずき、この輪廻を超えた涅槃常住を求めうる可能根拠は、有漏からは超越的なる浄法界等流の教法の聞熏習によるのである。しかし聞法が熏習しうるのは、一切の経験の根拠としての阿頼耶識自身の自覚作用をおいては他にない。このことと、「論註」に曇鸞が他利利他の深義として明らかにした他力の意義とを思い合わせるとき、先生が「覈求其本」（あきらかに其の本を求める）の文字を愛され、しばしば揮毫されたこととの意味が少しく伺えるのではなかろうか。

曇鸞は「浄土論」を釈するに当たり、「十住論」によって、真に阿毘跋致を成就せんとするときに、五濁の世に五難があることを挙げ、その難を超えんがために、願生心をもって尽十方無碍光如来に帰命するのであるという。その五難の第五に、五濁の世無仏のときには、「唯これ自力にして他力の持つなし」といい、願生する所以は、仏願力に乗じて往生し、仏力住持して「即入大乗正定之聚」だからであるという。すなわち、大涅槃をこの五濁の世を生きる凡愚が必定するためには、仏願力の側からの住持力によるほかはないということを明示することが、「論註」の眼目であるといえる。そのことを「註」を結ぶに当たって、「浄土論」の「自利利他速得成就阿耨多羅三藐三菩提」の「利他」の語で注意されたのである。ここに「他利」ではなく「利他」というのは、仏のみが言いうるということを顕すのであると。

これは仏道の成立根拠の問題に応ぜんがための教示である。いかにして無明海に迷没せる衆生に、解脱の風光が開けうるのか、これを根源的に問うていくとき、先の阿頼耶識自身の転依の根拠の問題と同じ実践的課題にぶつかることがわかる。親鸞の信巻開設の問題も、愚悪の衆生にいかにして清浄真実にして不虚偽不顛倒なる心を成就しうるのかというところに中心がある。すなわち、迷没の凡愚の救済の可能根拠を信知するとともに、その可能根拠が現に主体そのものとなって、自証せる人間存在を成就するという実践的課題を顕現せんがために、親鸞は法然の念仏往生の教示を根源化して、「大無量寿経」の本願の道理の歴史的展開として「浄土論註」を見出し、その中心たる二回向の構造を「教行信証」の柱にすえてきたのであると思う。弥陀の本願のまことは、釈尊・善導・法然・親鸞の信念となって現前する。その人の信念の根元が、絶対無限の大慈悲なる如来の清浄願心である。個人を超えた大悲願心のみが、個人を破って個人を支え、閉鎖的自我を破って公けなる永遠の仏道を歩ましめる力となることをいうのである。

愚考をするに、安田先生においては、人間存在の根元的解放の成立根拠への問いにおいて、迷妄の意識の実相を明瞭に分析的に自覚していくことと、その迷妄性の自覚としての自己否定、すなわち大涅槃に根拠する絶対否定を感得してしかもこの世をいわば菩薩の変易生死として生きていくこととは、親鸞の念仏成仏の信念において真に成立しえていたのに相違ない。ただ先生は、自覚自証を潜らないいわゆる「他力」を「棚ぼた的信仰」といわれ、人間の外なるものを依頼するのは外道であるとし、仏道はあくまでも、根元的に自己自身を明らかに信知するところに成立するものであることを身証していかれたのであると思う。

内観と自然法爾

愚生にとっての第二の疑問は、これも誠に愚問なのであるけれども、長い間晴れない疑いであるので、ここに提出して考えてみたい。それは、究極的に「戯論寂滅」と龍樹がいわれたように、法性甚深の離言の境界を求めるものにとって、阿毘達磨のごときに精細な論理的吟味が必要不可欠なものかどうかということである。端的にいえば菩提心にとって学とは何かという問いである。

意識が意識自身を内観していくといっても、それが虚妄分別の内なる努力であるかぎり、妄念妄想の流転を繰返すにすぎない。肉体を極限状況まで苛酷に傷めて、神秘的直観の内に感ずるような特殊体験であっても、それは三界の内なるものである。非想非々想処なる最極微妙の禅定といえども、流転の一状況でしかない。迷妄の意識の実相を遍計所執性というが、これはどのような意識状況であろうと、またどのような美しき内容を意識していようと、その本質が虚妄の執着に染せられていることを、虚妄分別であると明確に教示せるものである。それに対して意識の本来性は、因縁所生なるがゆえに無我であり、意識された内容を対象として志向する意識現象そのものは紛れもなく現に起こっている事実であって、それを「依他起性」といっている。依他起なる意識の事実を依他起なるままに見るということは、無我を具現せる智恵にのみ可能なのであって、迷妄の意識は我・我所に似て起こる依他起の意識作用の事実、すなわち見分相分の二分として起こる意識そのものを、無始よりこのかた我・我所であると執し続けているのである。

そのことを如実に観察することができるのが唯識観の成就であるが、その成就において、意識は転じて円成実性となる。その唯識観の根本直覚は、いわば真如ないし離言の法性の体験である。しかし唯識教学の本領は、その真如への道筋を単に論理的に明らかにすることではない。真如ならざる現前の迷妄の意識、すなわち我法二執を離れない一切の意識作用をどこまでも微細に吟味分析してその構造を解明していくところにその本質がある。迷情の事実が智恵によって照らされるときに、執情の内実は転じて智恵の総持する願心の形として誕生する。それによって「浄土論」において「広略修行」の「広の修行」の内容として浄土荘厳が説かれうることとなるのである。「略説一法句」なる根本直覚に立ちつつ、「広説二十九句」を生むのは、いわば智恵の光に照らされた迷情の影が観察されるからであろう。

ここに安田先生の私塾「相応学舎」の四十周年記念に書かれた次のような先生の言葉がある。

「人間はその無極なる自然性に於いて、自体的に完全している。しかし之を自覚的に完全する使命と能力とを賦与されているものは、有限なる人間の生存在である。」

思うに、煩悩即菩提、生死即涅槃という表現は大乗仏教思想の至極であろう。本来は自性清浄なる法性の存在において、苦悩憂悲が現起する。しかし、一度苦悩迷没の有情として我法の執を生きることになった我らにとっては、意識の本来性は、究極の理想である。その理想の追求に当たって、煩悩・生死を消滅して本来性を回復しようとするならば、「即」という大乗の究極的願事は成就しえない。しかし、即自的な迷情の肯定は、自然外道への退落でしかない。そこに「自覚的に完全する」といわれる仏教の証道の使命がある。それは能取所取の計度分別の生存を一度完全否定する道である。涅槃とは、生死の完全否定である。それは生の一部分としての迷情を否定して、他の一部分としての悟達の心を獲るというのでない。人間の生存の一切を生死の苦悩であると見抜き、苦悩として生死を感受せしめる根元こそ無明であるとし、その無明性の上に構築せられる一切の生存を曠劫以来の流転であると知る還滅の智恵の獲得である。その智恵はこの人生の事実を常に課題として受けとめ、人生の一時一瞬の事実の中に常に根元的な涅槃の静寂を回復しうるような、動乱する人生に応現映動する智恵である。一度解決すれば二度と問題が起こらないような解決方法を夢想するのは、この人生からの逃避でしかない。「生活課題を有てる自己の現在に関係をもち、随って現実的自己の統一・組織の要求、即ち法の実現としての実践的要求に立つ」(「興法」所収「仏教の方法的把握」より)といわれているが、課題としての理想を、自覚的に完全するべく歩み続けるところに、「聞法思惟」の不退転の道があろう。

親鸞は「自然法爾章」に「弥陀仏は自然のようをしらせんりょうなり」といわれているが、本願の名号は、この究極的なる人生超越の智恵を、生活課題に圧迫されて喘いでいる衆生の念々に、人間本来の大涅槃の充実と解放とを回復せしめんがために、呼びかけはたらく言葉なのであろう。唯識の実性たる円成実自性は、唯識観の至極に求められる意識の本来性であり、現実の苦悩や煩悩の纏縛を超克した解脱智見の自相であろうが、それを抽象的思弁的理想状況としてではなく、現前の迷没の我らにはたらくところを要求するとき、雲霧の常に覆うごとき我ら凡夫の人生生活にあっては、仏の本願力の護持を仰いで、仏の名号をいただく外はないのである。否定の智恵は、自己が自己を否定し続けていくかぎり、虚無の深淵へ方向するしかない。人生の憂悲苦悩を超えんとして、煩悩生死を否定するものは、人生を虚無化する誤りに陥らざるを得ない。大乗仏教は、この迷没の人生の根元的否定は、かえってこの人生を真に充実せしめ完全に解放せしめんがためであるとし、人生価値の根元的否定たる「空」は、「真空妙有」といわれ、この人生の完全肯定としてよみがえらしめるのである。自然外道の誤りは、分別の苦悩を厭うて、理知分別以前のいわば動物的・本能的自然界へ帰ろうとし、それが可能であると考えるところにある。一度迷い出たものが、本来へ帰る道は復古的方向にはない。時間が不可逆的であるように、迷妄の現象を消失せしめる努力の方向で、本来性を回復することはできないのである。迷妄の現象に即しつつ、この迷妄を根元的に否定する方法は、自力分別の彼岸にしかない。自力分別は死ぬしかない。真の自然法爾は、願力自身が自己を表現しえたときにのみ、人間の上に実現しうるのである。それは超越者を外に立てるのではない。真の超越は自己の根元である。根元が自己を回復しうるのは、煩悩生活のいわば足下に、大涅槃の意味が開けてくるのでなければならない。仏教の論理は、「双非双亦的論理」であると安田先生はいわれた。一切衆生を、なかでも罪業深重の凡愚を真にこの人生の苦悩から解放せしめる具体的な方法は、形なき大涅槃界が自己を一度否定して、有限なる言葉と形の中に相対的な荘厳世界を開示し、その環境的自然界を通して、本来性の智恵を与えんとする、本願の教示以外にないであろう。迷情の否定を、願力の積極的肯定を通してうなずくところに、否定さるべき苦境が、願心を荘厳する内容に転成する。

神話的物語的表現である「大経」の教えを主体的に受けとめ、「法蔵菩薩は阿頼耶識なり」といわれた曽我先生のテーマを、安田先生は論師的な厳密な思惟の業を尽くして考えていかれた。自我に真に苦しむもののみが、自我なき大涅槃を求めて止まない。強く自然を求めるものこそ、人間の分別と思惟を尽くして、自己を解放する志願に生きるのであろうと思う。小乗の極果を阿羅漢果というが、その位を無学果ともいう。もう学ぶべきものがないという位である。それに対し、それに至る道程にあるものを有学という。大乗はこの学ぶべき位を、菩薩の立脚地とする。学ぶのは単なる過程ではない。学ぶところに昇道無窮極なる不退転の菩薩道がある。親鸞の「教行信証」における緻密な論究も、およそ人間分別の起こしうる一切の疑惑に、本願の論理を以て応え尽くさんというような志願がうかがえる。安田先生の思想的営為も先生自らいわれたように、体力をかけて推していく挙体的なる求道の聞思であったに相違ない。

宿業と自由

先生が唯識思想、とくに護法唯識を愛されたのは、個体の問題、すなわち現にここに特定の身心をもって存在する人間の問題を、どこまでも実相に即しつつ明らかにしたかったからであるといえよう。空観が「空」の語の下に、一切を否定しつくしていく否定概念に終わりがちなのに対し、唯識は「有」の教学であることを強調されていた。迷妄の意識を論理的に否定するは易いが、それではなぜ今ここにこの自己がこの特殊状況を担って苦悩せねばならぬのかという現実認識に対する応えがない。人間の自由への希求はどこにでも噴出するが、この有限なる身体をもった現実を究極的に逃れることはできない。

第三の私の疑問は、一個の自由人たらんとの志向性をもつ先生が、そしてついに一生世務に就かれなかった先生が、常に歴史的な重荷を負える真宗大谷派教団を愛し、教団のことに心を砕いておられたことについてである。

先生は宗派的関心から、真宗に接近されたのではない。真の仏道として、大乗仏教の至極として、愚悪の凡夫を救済せしめる道理として、先生は親鸞の教えを要求せられた。現実の教団は、その教法を本質として成立しているに相違ないが、むしろ親鸞の開顕された教法に背反するような、強固な封建的差別体質と、固定化した閉鎖的教義を歴史的伝承の外面に保持している。真宗をかかげつつ、真宗に背反しているのが現実の教団の偽らざる相である。その教団に縁を結ばれた清沢満之・曽我量深という先生方の悪戦苦闘を見ながら、安田先生は自ら在野の一書生人の分に身を置きつつ、一生の間、真宗教団に縁を結ぶ僧俗に深い尊敬と愛情をそそいで下さった。

沢柳政太郎の疑問の中にも、なぜ一国の宰相ともなるべき器量を有する清沢満之が、一宗教団体たる大谷派に身を投ぜられたのかという問があった。真の人間解放を求める宗教的要求と現実の社会形態をもつ束縛多き宗教教団との必然的関係が、やはり愚生にとって、もやもやした長い間の疑問であった。

およそ仏教徒たるものの基本姿勢は、帰依三宝にある。仏法僧を三宝として帰依することが、仏教を信受して生活するものの根本態度である。諸論家が造論に当たって、帰三宝を表白して、三宝の加護を祈念するのも、その証左である。その三宝の体を「涅槃経」では同一性相といい、なかんずく「四依品」では「依法不依人」といって、その中心が「法」にあることがいわれる。仏が仏陀（覚者）たりうるのも、一切の現象の根本原理として万象を組織統一しうる法を発見するによるのであり、僧伽が僧伽たりうるのも、仏所説の教法を依りどころとする人々の集いだからである。一人の人間が、仏教徒として苦悩からの根元的解放を願うとき、この存在を組織統一する根元的な法を信受することが第一の課題となる。仏陀は、人執法執に立脚する人間的判断を、根元的に虚偽であるとする。したがって仏徒が依らんとする仏陀は、単に人間的価値や理想の延長上に仰がれるものではない。一切の人間的価値を払拭せる無一物なる裸の生存そのものにおいて、受け難き人身、遇い難き仏法に値遇する喜びを語る人なのである。この法を信知して生きるものは、独立せる一個の人間である。様々な宿業の相違により、相異なる環境・時代・境遇を引き受けて生きる一切の衆生が、等しく平等に解放される道理こそ、諸仏が証誠して止まない仏法である。いわば、真に独立せる人間となることこそ、仏弟子となることである。清沢満之は「独尊子」という。その独尊子が、共に帰依法に立って、独立しつつ関係するところに、僧伽といわれる仏法の共同体が成立しうる。「歎異抄」には、「つくべき縁あればともない、離るべき縁あればはなるる」といわれる。本来の自由なる人間関係は、因縁所生を真理の法として生きるところにあることが知られる。所有関係・利用関係・支配従属関係としてしか成り立ちえないこの世の社会関係の中に、このような真の自由の無碍人が、共同体をもつということはいかにも困難至極であるに相違ない。托鉢は「独りして往け」と釈尊が勧め、「集会すべからず」と法然が遺言している。しかし、やはり「僧伽」のない独立者は真の独立者ではない。「僧伽」に帰命せよとの仏道の伝統は、真の無碍人たる独立者の在り方を示している。「涅槃経」がいうところの「得道の人ありと信ず」るとは、特定の独りの人を信ずるということではない。道ありと信ずるところに、その道を往く同朋として、得道の人が信ぜられてくるのである。大乗仏教が語る諸仏平等の所証の法は、単なる対象的教言ではなく、その法に帰依する人間の上にその真理性を証《あか》しするような法である。仏法はその人によって、その真理性が明証せられるのである。

人は個体として宿業を負って生きる。その宿業こそ自己の存在の背景であり、自己が自己たる必然的因縁であるとうなずくとき、宿業は現在の絶対自由を開示する。その宿業の命を真に担う主体こそ、一切衆生を荷負して歩む法蔵菩薩であると、曽我先生はいわれる。法蔵の魂は、特定の宿業の形を自在に担って、その限定としての宿業を自由無碍なる平等法界への歩みの場と転ずる願心である。宿業を担う外に、菩提心が歩みをもつ場はない。菩提心が選ぶ場は、宿業の生活である。宿業の催しによって、歴史社会の中に投げ出された人間が、その宿縁を仏法との値遇の場として、無辺際の歩みに立ち上がるのである。本来、教団と個人とは、帰依法を原理として成立する因縁関係にある。しかし一度、僧伽が現実の社会的歴史的な相対関係の中で形をもち既成教団や宗派となるとき、社会一般の所属関係・利害関係・圧力関係という制約限定を具することを避けることができない。その具体的制約を超えて、やはり真の独立者と独立者との根元的人間関係を回復していく使命こそが、帰依法の重さであると思う。

業とは自由と運命との複合概念であると、安田先生はいわれた。阿頼耶識は、因相として未来永劫への可能性を持ち、果相として曠劫以来の経験を蓄積している。可能性と必然性とを共に有して、現在の自相の自由の決断が成り立つ。しかしその自由の決断は、因相と果相とを離れない。決断はすでに現在の自己を規定して、必然的存在たらしめる。阿頼耶識が有する経験の熏習は、制約であると同時に、種子として現在の経験の可能根拠でもある。人間の共同体は、その阿頼耶の環境的作用として、共業の種子となって、歴史の中に熏習せられてきている。その中に世俗関係、一般的関係を超えて浄土願生の信心を相続してきた貴い経験の蓄積がある。現世の中にあって、現世を否定し超越せしめる仏法を、その成立根拠としてきた共同体が、真の僧伽である。社会集団の一としてのいわゆる宗派的体制は、即自的に自己主張をせんとする存在である。しかし、仏法の真理性からすれば、虚仮なる人間の相対的価値体系の中に自己を置かざるを得ない共同体の宿業を負っていること、したがって非本来的存在として存続せざるを得ないことを深く自覚し、懺悔しなければならないのではなかろうか。
非本来性を通して本来に帰る以外に、仏法の機縁はない。宿業を負う以外に、自己が自在人たることはできない。清沢先生において独立者たらんとの志願がそのまま教団改革の情熱となったのは、この必然性を見極めた運命愛だったのではなかろうか。安田先生は、一生を無位の自由人というべき位置に置き続けられていたにもかかわらず、現実の儀礼生活の中に生きる宿業重き人々を尊敬され励まされていた。それぞれの宿業を尽くして、仏法興隆の志願を汲むということは、矛盾せる現実生活に耐えることであろう。決して賢善精進の相のごとき似而非《えせ》純粋な生活に夢を託すことではない。いかに非本来的な場所であろうと、因縁所生の仏法の場として、帰依法の重荷を感ずるところには、その帰依法の志願において帰依僧の縁を尽くしていけるということなのであろう。

以上のように先生から与えられた問題の一端を考えてみた。ここに提起した問いはいまだに現在の愚生の中で揺れ動く情念となっている。無着・世親・親鸞・曽我というような、仏教の代表的論師と、全存在をあげてぶつかり、そのもてる実存性と論理性において悪戦苦闘された大乗の菩薩、在家止住の大丈夫たる先生にいただいた教恩は甚深である。耳底に残る先生の真言をこれからも聞いていきたいと念ずるのである。

「僧伽」を念じつづけて

安田理深先生（一九〇〇～一九八二）は、本名を安田亀治といい、兵庫県美方郡八田村（氷ノ山から日本海へ流れ下る矢田川の上流）の小地主の家に生まれられたが、家庭の事情により、幼くして両親と分かれ、鳥取市で人と成られた。幼児期にミッション系の幼稚園でキリスト教に触れられ、長じては曹洞宗の禅寺において参禅されたという。宗教に対してはずいぶんと早熟であったと、ご自身を語っておられた。

激しい宗教的関心に目覚められると同時に、先生には止みがたい思想的関心が芽生え、近代的な表現と仏教的な非二元論的思惟との間で苦闘しておられた。折しも、金子大栄師の「仏教概論」が世に出、いち早くそれを読まれて、金子先生が教授として籍を置いていた真宗大谷大学に入学された（一九二四年）。

この翌年（一九二五年）四月、曽我量深先生が東洋大学を辞めて、真宗大谷大学に教授として赴任してこられ、「了別と自証」という講題の下に講義を始められた。同時に曽我先生のお話を聞く「仏座の会」が開かれた。清沢満之より受けついだ求道心と、唯識思想の厳密性と、親鸞の学びとしての凡愚の自覚とが、舷々相摩する豊かにして深い曽我量深先生の思想生活に触発されて、先生の生涯の思索の方向が練り上げられていったと考えられる。

安田先生の同郷（鳥取）の先輩に野々村直太郎（龍谷大学宗教学教授）という方がおられたが、一九二三（大正十二）年、「浄土教批判」という著書が西本願寺で異安心とされ、教授職を追放された。次いで一九二八（昭和三）年、金子大栄先生が「浄土の観念」を東本願寺で異安心とされ、僧籍を剥脱され、教授職をも追放された。一九三〇（昭和五）年には、曽我先生も教授職を辞任させられている。安田先生は、自分の師事した先生方が皆、異安心とされたということを、自分の思想・人格の一つの特質として自覚されていた。真に生きた思想を求めるということは、どこかに時の正統から異端視される本質をもつということは、思想史が示している事実であり、つねに異端が歴史の先端を担って、新しい正統を生産していくというところに、人間の歴史の必然性があるのかもしれない。

しかし、伝統的な価値観が力をもつ社会生活のなかで、異端と位置づけられる思想信条を歴史の先端となって貫き通すということは、容易なことではない。存在全体を呈して、生活の苦難と闘い、思想戦に耐え抜かねばならないからである。それは、法然・親鸞が蒙った念仏弾圧と流罪生活を想起すればよくわかることである。

清沢満之・曽我量深・金子大栄という近代の真宗が生んだ求道的思想家の系譜に出遇った安田理深先生は、一九三三（昭和八）年以降、「学仏道場・相応学舎」と名づけられた私塾を場として、仏教の論疏を講義し、自ら思索することによって学生を感化していかれた。私塾といっても、まったく自由に出入りできて、なんの制約も、またなんの資格もなく、まさに「縁あればともない縁なければ離れる」という場であって、義務もないし特典もないものであった。

一時、大谷大学に講師として招かれたこともあったが、先生の生活の基本は講壇をもたず、一書生、一研究学徒として歩まれるところにあった。後年、相応学舎で育てられた学生たちが、帰郷して勉強会を作り先生を懇請すると、大乗の論疏を講讃しつつ自己の思索を深める場として、遠近を問わず出向かれた。

曽我量深先生の学問について、唯識論によって「無量寿経」を照らし、また「無量寿経」によって唯識論を照らして、真の実在、真の主体を明らかにするという独自の方法であるという旨のことを、安田先生は語っておられる。安田先生はさらに、この方法により西洋の近代哲学の課題をもって仏教のもつ概念の実存的意義を解明し、また仏教思想の「双非双亦的論理」（不一不異と龍樹が表現するごとき、二元的分別的発想の全面否定を潜った存在そのものの全面肯定の論理）をもって、西洋思想の二元論的論理の根本矛盾を照らしていかれた（「双非双亦的」という語は安田先生の用語である）。

先生は一生涯にわたって、「唯識三十頌」を講究せられ、法相唯識（とくに護法によって明示せられた八識体別、心心所別体説）の厳密な存在論的分析を徹底されるとともに、実存的な情熱的思惟による求道的解明によって、真の人間の自己回復、有限にして愚かなる人間存在に自足しうる道を、親鸞の教えによって明らかにしていかれた。そこに救済的要求としての宗教関心が、人間存在の自覚によって自己を解放することとして、完全に満足する方法を開顕されたのである。

先生は、唯識は他力信心の脚注であるといわれた。それは信心の智恵の内実は、迷没する人間の諸状況の内観的観察、すなわち運命愛といわれるような大慈悲心をもって宿業を荷負する志願をとおして、流転の実相を批判しつつも、摂取しつくす法蔵願心の生活内容として見直していくということ以外にないからであろう。そこに先生が、歴史的な残滓と因襲的封建体制以外の何ものでもないような、現前の本願寺教団に対して、限りない責任と愛情をもたれた意味もうかがえると思うのである。

一九四三（昭和十八）年、東本願寺において先生は得度なされた。曽我量深先生によって法名を釈理深と認可決定され、教団の僧籍をもたれた先生は、「僧伽《サンガ》」という主題を念じつづけられた。教学は教団の実践であり、教団を離れた教学はない、また教学のない教団とは魂なき集合体にすぎない、自己一人の宗教的実存を確立すること（本願の生活者の誕生）と、教団が教団の生命を回復していくことが別のことではないといわれ、信心回復運動に息の長い愛情をそそがれたのである。また、得度を機縁として、京都市の戸籍課に出向き、本名を安田理深と改名された。

先生の講義や講演は、思想の歴史的先端たるにふさわしく、深遠にして難解であるとの評が一般であるが、一方で、野の求道者、無名の聞法者が、つねに熱心に情熱的思惟の場に参加していた。難解な思想を超えて、存在の根元においてうなずく田舎の念仏者と呼応しつつ、世界的な思想の視野に立って、人間存在の根本問題を思索せずには止まなかった先生の情念には、シューベルトの「菩提樹」を唯一の愛唱歌とされたことに見られるような、一筋の純潔無垢なる願心を感ぜずにはおれない。

求道者が要求するときには、先生はまさに全存在をかけて答えようとされる。いわゆる世間的社交は苦手であり、むしろ嫌われたが、人間の悲哀と苦悩を見るときには、これを根本的に解放すべく、事情を顧みず、何日でも語って止まなかった。講義に際しても、聞く人の数など眼中になかった。願心の呼ぶところ、つねに現在して、けっしてたんなる追憶談とか世間談義に堕することがなかった。先生の雑談は、観察眼の鋭さと、人間に対する飽くなき愛情に裏打ちされて、講義以上に感銘の深いものであった。

先生が雑談される周りには、あぐら坐の悠然たる気分が溢れ、この世の食事も、仏法三昧の味に包まれて、醍醐味となることであった。堅苦しい真面目さではなく、存在の背面まで刺し通されるような真剣さに、生きて法話が聞ける有難さを教えていただいたことである。

日ごろ、老人性結核を病まれて以来の片肺が不自由で、好きな散歩すらままならないと笑まれていたが、最後の講義（一九八二年二月十八日）を岐阜でなさって帰宅され、翌日老衰による心不全で亡くなられた。晩年は聴法の意欲あるところに、法の種をまかんとの宣法の生活のみになりきって、旅行に出られることによる疲労をも省みられなかった。有限の生命を、無限の願心に捧げて悔いることがなかったのであろう。

安田理深　略年譜

年次	西暦	年齢	事歴
明治三三	一九〇〇	一	兵庫県美方郡八田村（現在温泉町）に生まれる
三九	一九〇六	六	鳥取教会付属幼稚園に通う
大正五	一九一六	一六	日置默仙禅師より受戒、戒名「慈徳良圓」
一三	一九二四	二四	大谷大学専科に入学
昭和五	一九三〇	三〇	洛東鹿が谷「興法学園」園長に就任。雑誌「興法」を主宰
八	一九三三	三三	「興法学園」解散。「乳水園」で「阿含経」を講義。
一〇	一九三五	三五	「学仏道場・相応学舎」の私塾を始める。以後逝去されるまで「唯識三十頌」「浄土論」「摂論」「教行信証」等を講義する
一三	一九三八	三八	「教行信証」の講義始まる。梅夫人と結婚され、長男誕生
一八	一九四三	四三	東本願寺において得度、法名「釋理深」
一九	一九四四	四四	大谷大学予科専門部教授、文学部教授嘱託

二一	一九四六	四六	大谷大学を依願退職
二二	一九四七	四七	相応学舎の夏期大会が始まる
三〇	一九五五	五五	「正信念仏偈」の講義、相応学舎にて始まる
三五	一九六〇	六〇	六月ポール＝ティリッヒとの公開座談会が大谷大学で開かれる
			七月ポール＝ティリッヒ、信国淳と軽井沢で鼎談
三六	一九六一	六一	大谷大学の非常勤講師になる
四二	一九六七	六七	肺結核のため入院
四三	一九六八	六八	上賀茂より京極寺の相応学舎に移られる
四五	一九七〇	七〇	退院、その後自宅療養
四六	一九七一	七一	相応学舎講義再開
四八	一九七三	七三	四月京極寺焼失、十一月新築京極寺へ入居
五〇	一九七五	七五	胃潰瘍治療のため入院
五七	一九八二	八二	二月十八日逝去。法名、相応院釈理深

初出一覧

師・安田理深論　（「大法輪」二〇一五年七月号〜二〇一六年八月号）

内観の大菩提心　（「親鸞教学」第四十二号、一九八三年、原題「内観の大丈夫」）

「僧伽」を念じつづけて　（「親鸞に出遇った人々」同朋舎出版、一九八九年）

本多　弘之（ほんだ・ひろゆき）

1938年、中国黒龍江省生まれ。1961年、東京大学農学部林産学科卒業。1966年、大谷大学大学院修了。1976年から1983年まで大谷大学助教授。現在、親鸞仏教センター所長、真宗大谷派本龍寺住職、学仏道場相応学舎講師。著書に『親鸞教学－曽我量深から安田理深へ』『『教行信証』「信巻」の究明』『親鸞の名号論』（以上、法藏館）、『浄土－その解体と再構築』『新講 教行信証』（以上、樹心社）、『〈親鸞〉と〈悪〉－われら極悪深重の衆生』（春秋社）、『現代と親鸞－現代都市の中で宗教的真理を生きる』（東本願寺出版）ほか多数。監修書として『知識ゼロからの親鸞入門』（幻冬舎）。

師《し》・安田《やすだ》理《り》深論《じんろん》

2019年3月15日　　初版第1刷発行

著　　者　本　多　弘　之
発 行 人　石　原　大　道
印　　刷　亜細亜印刷株式会社
製　　本　東　京　美　術　紙　工
発 行 所　有限会社　大　法　輪　閣
〒150-0011　東京都渋谷区東
2-5-36　大泉ビル2F
TEL 03－5466－1401（代表）
振替　00160－9－487196番
http://www.daihorin-kaku.com

ISBN978-4-8046-1413-7 C0015